# インテル中興の祖
# アンディ・グローブの世界

*Andrew Stephen Grove*

加茂 純＋大谷和利 著

同文舘出版

# はしがき

世の中には、名物経営者と呼ばれるビジネスリーダーが少なからず存在する。それがどのような分野であれ、競争の激しい市場においてひとかどの事業を立ち上げ、あるいは引き継ぎ、目覚ましい業績を上げて名を残す人物だ。

他人とは異なるアイデアを次々に生み出す発想力と、それを実際のビジネスプランに落とし込んで成功に導くだけの胆力を兼ね備えた経営のプロたち。すぐに思いつくだけでも、海外では、アップルのスティーブ・ジョブズ、アマゾンのジェフ・ベゾス、テスラモーターズのイーロン・マスク、国内なら本田技研の本田宗一郎、トヨタ自動車の豊田喜一郎、松下電器の松下幸之助など、錚々《そうそう》たる顔ぶれが並ぶ。

熾烈《しれつ》な競争の中でビジネスの拡大を成し遂げるだけでも、一般人とは異なる資質を備えていることは明白であり、その発言や一挙手一投足《いっきょしゅいっとうそく》が、際立つ個性として世間の目に焼きついても不思議ではない。ときには自ら広告塔となることも厭《いと》わず、その結果、当人が意識する、しないに関わらず、「名物」の2文字を冠せられることは、社会的な勲章なのかもしれない。

しかし、そのような名だたる経営者の中でも、シリコンバレーのスタートアップ企業の一つに過ぎなかったインテルを世界的な半導体メーカーへと成長させた元CEO、アンディ・グローブことアンドリュー・スティーブン・グローブほど、想像を超える波乱万丈な子供時代を送り、自らの弱点を武器へと昇華させた者はいない。

彼の訃報が流れた一昨年の春、日本経済新聞に「アンディ・グローブという個性」という短いコラムが掲載された。「個性」という言葉はありふれているかもしれないが、グローブの場合には、その強烈さにおいて並外れていた。そして、彼はその個性をインテルという企業の端々にまで浸透させた。そのコラムでは、「4半世紀にわたりインテルを率いたグローブの軌跡が示すのは、リーダーとしての個性が組織の隅々まで刻印《こくいん》された企業の並外れた強さである」と、「刻印」という2文字にグローブの意思を凝縮して表現した。

そして、日本の企業（NEC）が、いかにインテル（＝経営者としてのグローブ）を恐れ、5年にわたって法定闘争を繰り広げたことについて触れている。

唯我独尊《ゆいがどくそん》的な、かのジョブズでさえ数少ないメンター（指導者）として仰ぎ、マッキントッシュ用のCPUをモトローラからインテル製に変更するという歴史的な大転換劇を実現させた影の功労者ともいえるグローブは、大声で怒鳴り散らすが、すべてのスタッフに平等に意見を述べる機会を与え、相手を否定するところから議論を始めても、自分を論破した者は心から受け入れ、業務のための時間を1秒たりとも無駄にしないタフな上司であった。

だが、そんな彼のマネジメントスタイルこそが、才気溢《あふ》れるインテルの社員たちを束ね、世界有数のハイテク企業へと導く原動力となったことは、誰も否定できない。

今、日本でも就業より起業を選ぶ若者たちが徐々に増えつつあり、自分たちの夢と情熱に賭けるスタートアップが誕生してきている。そして、ベテランの中小企業の中にも、トップの交代などを機に自らを改革し、海外も視野に事業を拡大しようとする第2のスタートアップの時期を迎えた会社が現れてきつつある。

しかも、私たち日本人が勇気付けられるのは、グローブ体制下におけるインテルの快進撃に、今まで明かされてこなかった事実も含めて、日本企業の製品企画や日本発のスローガンが大きく貢献していたことだ。本書では、当事者たちの証言も交えながら、その隠された歴史にも触れていくが、そうした日本ならではの視点や進取の精神を自らのために活用するときが今再び訪れているといえる。

誤解を恐れずにあえていうなら、ほんの少し気の利いた思いつきと何がしかの資金があれば、会社を起こすこと自体は簡単に行なえる。そうやって、日本だけでも毎日約350社の新規法人が生まれ、中国では同じく約1万社、アメリカでは日本の50倍にあたる約17、500社が日々、設立されている。

しかしながら、起業とは比較にならないほど難しいのが、会社を成長させ、存続させていくことなのだ。確かに日本の年間倒産企業数は、過去40年間のピーク時だった1984年の2万件超から、近年では9千件を割り込むところまできている。ところが、実際には2009年の中小企業金融円滑化法の名残（時限立法だったため2013年に失効）による銀行側の減免措置や返済猶予で生きながらえる企業も多く、破産申告なしに休眠状態になったり、自主廃業して倒産件数に含まれない法人まで含めると、実質的な数がこの数字をかなり上回ることは確実だ。

一方では、社会や産業にパラダイムシフトが起こるときには、企業の倒産をビジネスの新陳代謝の一環として捉える見方もあり、事実、前出の倒産件数が2万件を超えた時期はバブル期に向かう景気拡大の時代だった。また、2000年前後や2008～9年にかけても、それぞれネットバブルとアメリカの不動産バブルがあり、好景気ながら倒産が増えるという、一見、逆転現象的な動きが見られた。

たとえば、２０００年だけを見ても、アメリカでは零細から大企業までを網羅する会社設立総数の５８５、１４０件に対し、倒産総数は５５３、２９１件（ＳＢＡ［米中小企業庁］調べ）。倒産件数には既存企業も含まれることに注意が必要だが、単純計算で実に１００社のスタートアップがあれば、95社が存続できなくなるという具合で世代交代が進んだ。

その意味で産業界が警戒すべきなのは、「新陳代謝なき倒産の減少」であり、今こそ日本のスタートアップや、セカンド・スタートアップを迎えた企業は、自社の代謝を高めながら持続可能な成長を行なっていかねばならないといえる。つまり何よりも、生き抜くことが大事だ。そのために、アンディ・グローブが実践した、ディスラプション（創造的破壊）による革新のスイッチの入れ方には大いに学ぶべきところがある。

またシリコンバレー全体の成長をみすえた企業のエコシステム、大学、州、市、人材のすべてが連携して進化する「イノベーションスパイラル」の考え方は様々な地域で適用されている。近年ではテルアビブ、トロントが代表的である。

グローブは、元々、半導体の専門家でも、経営のプロでもなかったが、そのような人間は、ともすれば周囲のスペシャリストたちの「常識」に翻弄《ほんろう》され、凡庸《ぼんよう》な結果しか残せないとしても不思議ではない。彼が、そうならなかったのは、世の中が自分の知らないことに満ちているという「無知の知」を自覚し、誰が相手であっても、その知識を疑うことによって真理にたどり着く「懐疑の力」を身に付けていたためと考えられる。その内なる疑いは、事象的には「怒るグローブ」として表出し、まず否定から入る議論に象徴された彼のビジネススタイルへと昇華していった。

本書では、グローブの経営哲学を六つの鉄則（六つの章）に集約し、日本人関係者の知恵も加えて、次世代のリーディングカンパニーを作るためのキーポイントを明らかにしていくとともに、まず既成概念や相手の意見を否定するところから議論をスタートする疑い深さ、そして「なぜ」を連発して「怒る」、ある種、時代錯誤的とも思えるグローブの気質（性格）と行動、これがその後のインテルの成長と隆盛を導いたグローブのリーダーシップにどのように影響し、効果をもたらしたのであろうかを解明する。そしてグローブの生い立ちから企業人として活躍する60代後半までの人生をみていくことで、「懐疑する力」と「怒る力」が、なぜ、リーダーにとって必要なのか、それをも併せて検証していくことにする。

なお、本書ではグローブの個性や気質など、その人間力を探るのに昭和を代表する哲学者の一人である三木清（1897～1945年）が著した『人生論ノート』をグローブの生き方に敷衍させて引用した。今、巷では、吉野源三郎が昭和の初期に著した『君たちはどう生きるか』がアニメ版で復活して、大ベストセラーとなっている。グローバル化やIT化がどんなに進んでも、人間の本来もっている本質的な部分（想像力や冒険心、進取の精神、合理的な思考など）は変わらないし、多くの人が同じ思いで三木や吉野の人生論を読んでいるのではないだろうか。

その本来備わっているはずの潜在的な力（人間力）を、競争の激しいITビジネスの世界で最大限に発揮したのが本書で採り上げるグローブである。そういう意味で、起業を目指す人、さらにすでに第一線で活躍されているビジネスパーソンで、社内ベンチャーや企業内イノベーションの必要性を日頃感じておられる方々、また、プロジェクトチームのリーダーとして、チームを束ねていくことに注力をされている方々などに、本書で紹介したグローブの生き方は大いに参考になるものと思う。

さらに、巻末にはグローブの年表を補録した。一時、グローブの生まれ、育ち、活躍した時代に思いを馳せて、時空を超えた旅を味わっていただけるものと思う。

本書が多くの方々の生きるうえでのヒントになりうれば、著者としてこれにまさる喜びはない。

2018年7月吉日

加茂 純
大谷 和利

目次

# 第2章 懐疑から決断へ：高次のリーダーシップ

第3章

# 朝令暮改は悪くない：過ちを直ちに改めることの効用

## 第4章 成功はプロセスにある：本質をつかまえる力

# 第5章 多様性の尊重と全員参加の精神：日本発「インテル入ってる」

## 第6章 称賛は消えるもの：生活を芸術にするとは？

# 第1章

# 何もしないリスク：あえて変化を求める

# 祖国に両親を残した一世一代の逃避行

ハンガリーの首都ブダペストから来た4人の男女が、オーストリア国境近くの古びた農家で、腰の曲った農夫とその妻で伝統衣装を身につけた美女と共に夕食を食べている。これは映画のワンシーンなどではない。アンディ・グローブ、いや、グローフ・アンドラーシュ・イシュトバーンは、亡命希望者を大勢乗せた列車の車掌に騙されて金を巻き上げられながらも、両親の友人たちが住むオーストリア国境近くの小さな町までたどり着いた。そして、越境の道案内人の指示に従ったが、暗くなりかけた森や畑の中で迷い、偶然出会った密輸商人でもある腰の曲った農夫の家で、夜が更けるのを待っているのだ。

時は1956年。グローフは20歳。彼以外の三人のうち、一人は大学の同級生のヤンチで、もう一人はグローフに亡命を勧めた叔母の知人の娘、そして最後の一人はたまたま列車に乗り合わせた女性というかりそめの運命共同体である。

束の間の休息に見えるその瞬間も、頭の中は、ともかくも国境までたどり着き、その向こうにある自由の大地に立つことで一杯だった。

自宅に残った両親は、一人息子の旅立ちが周囲の目にありふれた朝の見送りと映るよう、極力自然にふるまった。別れ際に父親からもらった金は、まだハンガリーから抜け出してもいないのに、すでに半分まで減っている。それなのに、実際に国境を越えられるのか、越えた先に何が待っているのか、確信が持てることは何ひとつなかった。

## 名前の由来と出生

ハンガリーでは、人名は日本と同じく姓・名の順で表記され、最後にミドルネームが来る。グローフ・アンドラーシュ・イシュトバーンの場合も、グローフが苗字、アンドラーシュが名前で、彼自身、一度も使ったことのないイシュトバーンがミドルネームだった。

グローフは、ハンガリー語で「伯爵」を意味するが、彼の一家が伯爵の家系だったわけではない。先祖が、とある伯爵の領地を管理していたため、周囲がそう呼ぶようになったのだ。ちょうど日本の鈴木姓が、熊野神社の神官に端を発して、布教とともに本来は縁もゆかりもない各地の土豪（小規模な豪族）たちの間で広まり、その支配下の荘園の農民らも名乗るようになっていった経緯とも通じる部分がある。

便宜上、ここではグローフ・アンドラーシュ（後のアンディ・グローブ）をグローフと呼び、父親のジョルジュ、母親のマーリアと区別することにしよう。

グローフ家は、名前こそ生粋のハンガリー語源ではあるものの、ユダヤ人の家系だった。このユダヤ人という属性がいわれのない差別を生み、若きグローフはその運命に翻弄されると同時に、後のビジネススタイルやリーダーシップに関わる人生哲学を培っていくことになる。そもそも彼がユダヤ人でなければ、ハンガリーから脱出する危険を冒す気にはならず、インテルを率いることもなく、我々が暮らす世界も今とは異なっていたはずなのだ。

## 運命を変えた第二次世界大戦

父ジョルジュは、グローフにいわせれば、人生を知り抜いている人であり、かつては中規模の乳製品加工会社の共同経営者として敏腕を振るった。しかし、１９４２年にユダヤ人であったがゆえに労働部隊の要員として軍隊に召集された後、消息不明となり、１９４５年の第二次世界大戦終結後に帰還してからも、自社の国有化に伴って転職を余儀なくされた。そして、畜産・輸出業を営む国営企業の責任者へ転身するも、突如、ブルジョワ分子の利益のために規則を曲げたかどで解雇され、それ以降は、どんな仕事についても給料が以前の４分の１以下に制限されるという理不尽な仕打ちにあった。共産党員でない前政権時代からのスタッフを、そのまま残留させて事業を継続していたことが規則違反とみなされたのである。

母マーリアは、当時のユダヤ系の女性としては異例ともいえるギムナジウム（大学進学前提の８年制中高一貫校）を卒業し、ピアニストを目指した才女だった。だが、ユダヤ人というだけで音楽アカデミーへの入学を認められず、親が経営する食料品店で働いていたときに、会社経営者時代のジョルジュと会って結婚した。そして、１９３６年にグローフが生まれた。

彼らが、当時のハンガリーでは中産階級に属していたことは、幼少期のグローフに買い与えられた腕時計やオモチャ（ペダル式で漕ぐスポーツカー、ミニチュアカーのレーシングコースなど）から推測できる。

ところで、かつてのユダヤ人の定義は民族や血縁関係ではなく、ユダヤ教徒（および、ユダヤ教への正式な改宗者）であるかどうかで決まっていた。今では、たとえばイスラエルの帰還法（ユダヤ人であることを認めて国籍を与える法律）によれば、ユダヤ教徒でなくとも、ユダヤ人の母親から生まれているなら、そのように認めることになっている。

母系を重視するのは、子供の父親が誰なのか母親にしかわからないことや、ユダヤ教が伝統的に家庭教育を重視し、特に女性の役割が大きかったことと無関係ではない。

しかし、ジョルジュとマーリアは特に信心深いというわけでもなく、シナゴーグ（ユダヤ教の礼拝所）にも足を運ばず、（グローフにはユダヤ特有の風習である割礼を施していたものの）自らがユダヤ社会に属しているとは考えていなかった。

そのため、幼少期のグローフ自身も、ユダヤ人であることを特に意識することなく過ごしている。

たとえば、ユダヤ人の強制的な居住区のことを「ゲットー」と呼ぶが、ある日、「ユダヤ人をゲットーに入れる」というフレーズを耳にしたグローブは、それが何を意味するのかわからないまま、自分の通う幼稚園の遊びに採り入れてしまった。机や椅子で囲いを作り、遊び仲間と「ユダヤ人をゲットーに入れる」と歌いながら、周りの子供の手をつかんで引きずりながら、その中に入れるのだ。

先生が気付いたときには生徒全員がその歌を覚えて合唱するありさまで、結局、怒ることもあきらめて、グローフの思うように遊ばせるしかなかった。この遊びは、それから何週間にも渡って続けられたという。

内容の善し悪しはともかくとして、グローフは当時から頭の回転が早く、思いついたことを身の回りのものを使って実現する能力に長けており、さらに周囲を巻き込んで統率していく資質を備えていたことを伺わせるエピソードといえるだろう。

しかし、反ユダヤを掲げるナチス・ドイツが侵攻して来るようになると、グローフも好むと好まざるとにかかわらず、自身がユダヤ人であることを受け入れざるをえなくなっていく。

当初は、進軍するドイツの兵士や将校の身なりの良さや自信ありげな振る舞いに心を奪われることもあったグローフだが、嵐の前の予兆を的確に捉えるように、不穏な気配を感じ取っていた。

# 独裁政権下で培った先見の明と臨機応変さ

経済状況によらず社会的に安定した現在の日本では想像することすら難しいかもしれないが、アンディ・グローブが幼少期から青春時代を過ごした1930年代から1940年代にかけてのハンガリーは、ドイツとソビエト連邦の勢力争いの火中の真っ只中にあった。ナチス・ドイツとソ連共産党による領土の分断や傀儡《かいらい》政権の擁立があり、前者はユダヤ人であるというだけで迫害し、後者は民主化への動きを阻止しようとした。

ハンガリーから悪名高いアウシュビッツ収容所へ送り込まれたユダヤ人も少なくなく、グローブのおばのマンツィはその一人だった。彼女は幸いにも生還することができ、グローブにハンガリー脱出を強く勧めるようになった。

収容所送りとしないまでも、ナチス・ドイツは占領地内のユダヤ人に対して、強制的な引越しで住む地域や建物を限定・集中させたり、服に黄色い星型文様（ユダヤ教の象徴であるダビデの星。向きの異なる正三角形を二つ重ねた六芒星の形をしている）の縫い付けを義務化し、ひと目でそれとわかるようにするなど、社会的に追い詰める施策を次々に打ち出していった。

そのため、ジョルジュが行方不明だった間に、マーリアは、自分と息子のアイデンティティを可能なかぎり隠すため、スラブ系の偽名を使うことに決め、どこからか公式の身分証明書を手にいれてくるという思い切った行動に出た。証明書には、マレシェビチュ・マーリアとマレシェビチュ・アンドラーシュという名前が記されており、架空の身の上話まで用意する周到さだった。その話とは、自分たちがロシア軍から逃れてきた母と子であり、多くの男性と付き合っていたのでグローフの父親は誰だかわからないという、まことしやかな嘘だった。

それが1944年の出来事だったので、グローフは8歳前後。父は未だに戻らず、架空の生い立ちを暗記して偽名で生きていかざるをえない状態にあっても、彼は大好きな母と一緒に暮らせることを喜び、また、近隣の同年代の子供とも積極的に友達になった。

それどころか、グローフは、父が死んで発見されたという知らせを受けるよりも、行方不明のほうがよいとさえ思っていた。さすがにその割り切った考えを母親に告げはしなかったものの、父の消息に気をとられるより、今、興味のあることを追求するほうに夢中になっていた。

## 与えられた環境下で、最大限に集中する力

その意味では、自分の手に負えることと、自らの力ではどうにもならないことを明確に分け、時間を有効に使っていたともいえる。前者は、少しでも可能性があるとすれば挑戦することを諦めず、後者は、動かせない枠があるなら、その中でどのように考え、行動すれば、限られたリソースを最大限に活用できるのかということである。

たとえば、はめ込み式の積み木遊び一つとっても、彼は手本通りにはめ込むことを嫌い、自分で色々な方法を試してみるほうが性に合っていた。すでにあるソリューションに従うよりも、試行錯誤して新しい解決法を見つけ出すことに価値を置く。与えられた環境の中で楽しみを見出し、制約があってもベストを尽くすというアンディ・グローブの信条は、すでに幼い頃から芽生えていたのだ。

一方で、第二次世界大戦でのナチス・ドイツの敗北によってハンガリーの支配権を握っ

たソビエト連邦は、アメリカ合衆国を「帝国主義者にして守銭奴の国」とみなし、共産党政権による計画的社会こそが人々に幸福をもたらすと訴えた。

しかし、その実態は高邁な理想とはほど遠く、計画経済は、ほぼあらゆる物資の慢性不足を招いた上、体制に不満を抱く者たちを消し去ることによって見かけ上の平和と平等を維持する独裁国家の典型的な様相を呈することになった。

その結果、あるとき何の前触れもなく隣人が連行され、その理由は明らかにされず、どこに連れて行かれたのかもわからないという状況が頻繁に発生し、それが自分ではなかったことに安堵するという異様な日常が続くのである。

こうした社会を揶揄する当時のジョークに、次のようなものがあった。

西側で生産された新車を、面識のない二人の男が眺めている。すると一人が「この車を見れば、親ハンガリー国であるソ連の技術力の素晴らしさがわかる」という。西側の車なのにソ連製と勘違いしているらしい男に、もう一人はあきれて「車に詳しいのか？」と訊いた。最初の男の返答は「車には詳しいが、君の素性には詳しくない」というものだった。

つまり、見知らぬ人間にうかつなことを話せば反体制とみなされて捕まる危険性があるため、嘘をついてでもソ連を褒めておけというわけだ。

このような環境に身を置かれた人間は、2種類に分かれるだろう。まずは、すべてに疑《ぎ》心暗鬼《しんあんき》になり、必要最小限の近所づきあいをしながら、極力目立たずに生きていこうとする者。そして、周囲をよく観察し、どんな小さな変化も見逃さずに機会を伺い、リスクを冒しながらも自らが採るべき道を選びとっていく者。

後者は、競争の激しいビジネスの世界にも適用する考え方であり、グローフは、戦時下とソ連支配下のハンガリー時代に、刻々と変わる身の回りの世界に臨機応変に対応し、先を見て行動する能力を身につけていったと考えられる。

しかも、それが悲壮感に満ちたものではなく、常に彼の好奇心と結びついていた点は特筆に値する。

# ジョブズとも通じる「点と点をつなぐ人生」

アップルの創立者、故スティーブ・ジョブズは、2005年のスタンフォード大学における スピーチで、人生における「点と点をつなぐ」ことの大切さについて触れた。

つまり、人々が日々行っている様々な選択や行動が、未来における何らかの成果につながるという保証はどこにもないし、そんなことは誰にもわからない。過去を振り返ったときに、初めて色々な出来事がつながって現在の自分があることを実感する。したがって、今はバラバラに見えることでも、将来の自分につながっていくことを信じる、つまり長い目でみれば、人生に無駄なことなどなにもないということだ。

彼はさらに「今日が人生最後の日だとしたら、今、自分がしようとしていることは本当にやりたいことだろうか?」という自らへの問いかけを習慣としていることを吐露《とろ》した。

言い換えれば、世の中には、本意ではない仕事をして成功する人もいれば、失敗する人もいる。また、同じく、やりたかった仕事に就いて成功する人もいれば、失敗する人もいる。最悪は、気の進まない仕事で失敗することであり、最高なのは、好きな仕事で成功することだ。しかし、嫌な仕事で成功するよりは、失敗してもやりたいことをするべきだというのが、ジョブズの人生哲学だった。

この二つを併せると、「未来を信じて、常に興味のあることに邁進せよ」というメッセージになる。グローフは、幼い頃から誰にいわれるでもなく、このことを実践していた。たとえば、早熟でもあった彼は、わずか2歳で、メイドのギジが読み聞かせてくれる新聞記事に夢中になった。しかも、一番興味を惹かれたのは犯罪記事だったというから驚かされる。後にグローフはジャーナリストを志した時期もあり、幼少期から世間で起こっていることへの関心は並外れて高かったようだ。

また、母親が読み聞かせてくれる「ジャングル・ブック」（ラドヤード・キップリングの小説で、イギリス統治下のインドを舞台にした冒険譚《たん》）もグローフのお気に入りで、朗読を聴くうちにほとんど暗唱できるまでになった。そして、その話に刺激を受けて、自宅の床に敷かれたラグを南の島に見立て、同じアパートに住む年上の少年を招いては、一緒に島めぐり遊びをして楽しんだ。

それも、単なる空想の島ではない。その少年が学校で習っている東南アジアの地図に基づき、ボルネオからスマトラ、ジャワ島など、各ラグに実在の島の名前をつけて、その間を飛び跳ねながら行き来するのである。スマトラ「島」には、ご丁寧にライオンのぬいぐるみが鎮座しており、そこで丁寧に挨拶をして友好を乞うという具合だ。

ライオンのぬいぐるみは、両親が「ジャングル・ブック」好きのグローフのために買ってきたトラやオオカミ、シマウマなどの動物たちの中の一体で、彼は「おじさん」と呼んで尊敬していた。ハンガリーでは、子供が敬意を持って大人を呼ぶときに「おじさん」、「おばさん」の呼称を使う。百獣の王ライオンは、「おじさん」に値すると考えたのだった。

## 病気のハンディをプラスに活かす

グローフは、幼少期に猩紅熱《しょうこう》にかかり、数ヶ月の入院を余儀なくされたことがある。そのときの感染症が元で、聴覚に障害を持つことになったのだが、この手術の際に、執刀医はグローフの耳の後ろの骨を削り取ったため、治癒するまでの間、そこには穴が空いてしまい、包帯や絆創膏を替えるたびに激痛が走ったという。この聴覚障害というハンディをグローフは逆手にとって自分の武器とし、ビジネスの現場で役立てていったのであるが、このことについては、2章で後述する。

ところが驚くべきは、お見舞いとして母からクマの指人形をもらったグローフは、その小さな耳の後ろに穴をあけ、絆創膏を貼って自分と同じ姿にしてしまったことだ。病床にあっても常に創造性を発揮し、些細なことでも自分流の工夫を凝らす彼の性分が、このエピソードからも伝わってくる。

このグローブの幼少期の病気との付き合い方は、病気の程度の違いはあるが、日本の俳句の世界に革命を起こした、明治を代表する俳人正岡子規の気質に似たものを感じる。子規の病魔は常に死と直面していた深刻なものであったが、そのなかで限られた病床から見える空間だけが彼の唯一の彼の俳句の世界であり、そこから残された時間のなかで、驚異的な創作活動を展開し、しかも多くの門人を輩出するに至る。グローブと子規は、実業と芸術という属した職域も、また生まれた土地も活躍した時代も異なるが、この大きなハンディを抱えた制約された環境のなかでも、最大の創意工夫をし、生きることの意味を模索できるという気質が生まれながらに備わっていたと言える。もしくは、その気質は後から育まれたものかもしれない。どちらにしても、はっきりと言えることは、後世に大きな爪痕を残す事業を成し遂げた偉大な人物に共通した特徴は、上手くいかない理由をけっして環境だけのせいにはしないということではないだろうか。

さて、話をグローフに戻そう。彼は、変えられない出生や病気という宿命を境遇のせいにして嘆くというだけの生き方に終始せず、変えられないものはそれとして受け止め、前述したようにジョブズのいう点と点を繋ぐ、生きていくうえで大切なものとは何か、何に集中すべきかを見極める鑑識眼《かんしきがん》のようなものを身に付けていたともいえる。

そのように想像力に富み、創造性も豊かな人間が、国家から管理され、近隣同士で監視し合うような社会の中で生きていけるだろうか？　グローフの周囲でも、何の罪も犯していないのにユダヤ人であるというだけで、突然行われる当局の家宅捜索や職務質問に遭っていわれなく拘束され、行方が分からなくなる住民が少なからず居た。運悪く特定の場所と時間帯に偶然居合わせたというだけで、誰も知らない場所に連行され、先の見えない勾留を受ける理不尽な社会が拡がりをみせている。彼がハンガリー脱出を決意したのも、そんな日常に嫌気がさしたからに他ならない。

何が待ちうけているか、まったくの未知数であっても、見たことのない外の世界を目指すほうが、はるかに人間らしく、自分らしく生きられると感じたのだ。

今の日本は民主主義国家とはいえ、自らの可能性に自主規制をかけるかのごとく、地元で満足してしまう若者も多い。"Think Globally, Act Locally"（地球規模で考え、地域のために行動する）という言葉があるように、ひと所に根付いて何かを成し遂げることの意義は十分にあるが、その場合でも、一度は殻を破り、自分の知らない世界を体験して、その後の人生に活かすことは、さらに大きな意味を持つ。

特に若者であれば失敗をとり戻せる時間もある。苔《こけ》むさないように転がり続けることの重要さをこのグローブの生い立ちは物語っている。

# 変化の最前線に立つCDOとしての資質

アンディ・グローブの最終的な肩書きはインテルのCEO（最高経営責任者）だったが、その役割は、今、躍進する企業に欠かせない役職となりつつあるCDO（最高デジタル責任者）を兼任していたともいえる。

すでに日本企業の7％が設けている（PwCコンサルティング調べによる2016年のデータ）CDOとは、社内外のデジタルビジネスを統括する立場にあり、従来のCIO（最高情報責任者）よりも広い範囲の業務をカバーする。しかし、こと実際の問題意識のレベルはとなると、日本ではまだ同業他社の出方を伺ってからと考える会社も多く、積極的な変革によってライバルに差をつけられる絶好の機会をみすみす逃す危険をはらんでいる。

同じくPwCコンサルティングによれば、CDOを置く企業は、欧州・中東・アフリカでは38％、アメリカでは23％に達しており、世界平均でも19％と日本の3倍近くにのぼる。

数字以上に重要なのは、その肩書きを持つ人間の意識だ。改革を推進し、社内を牽引するという自覚はもちろんだが、行うからには他社に先駆け、新しいビジネスモデルを構築し出し抜くことを目的とする。

そう考えると、本来のＣＤＯは単に社内業務のデジタル化を推進するだけでなく、それに伴って会社組織や働き方までを前向きに破壊しながら、新たな枠組みに再編成し直すディスラプション（Disruption＝破壊的変革）を行える人材であることが求められる。

グローブは、このような肩書きなど存在しなかった頃から、自ら先頭に立ってインテルのディスラプションを進めた、実質的なＣＤＯであった。

グローブは自ら、常に自社だけでなく業界全体の動きを観察して、その中でどのように動くべきかを考えていただけでなく、インテル社員の一人一人にも同じ姿勢を求めた。組織全体が同じ意識を共有することが、変化に即応できる柔軟な会社の礎《いしずえ》となったのだ。

そうした彼の活躍ぶりについては続く章の中で明らかにしていくが、その資質はハンガリーで育った幼少時代に培《つちか》われていたと思われる。それがどのようなものだったのか、いくつかのエピソードを交えて紹介することにしよう。

## 論理的思考能力が経営に役立

まず、グローブは非常に論理的で、何事に対しても、とことん考え抜くタイプであるが、それは子供の頃からもって生れた気質のようである。

たとえば、物理の授業でサイホンの実験が行なわれ、その原理を説明するように教師から求められたとき、彼は、実験の様子をじっと見つめているだけで理由を思いつくことができた。グローブが自分の考えを述べると教師は、彼の物事を突き詰めて考える性格を認め、そういうところがグローブの美点であると褒《ほ》めた。

またグローブは、自分の父親が弁護士の友人を相手にして法律問題について議論をしているのを聞いて、しっかり自分の主張ができる父に感銘を受け、しかも、相手が言い負かされる様子に感動したと綴っている。

この述懐は、幼少期のグローブが論理的なものにいかに憧れていたかを物語る。彼の幸せな幼少期は、前半の短い期間だけのもので、後半は、厳しい現実がいろいろと待ち受けていて、子供から青年に至るこの時期のグローフからみて生きていくうえで理不尽と思えることが、長く続いていたことは容易に想像できる。そこから推測するに、後に彼が大学で専攻する化学は、政治や宗教に左右されない一つの論理で説明できる美しく魅力的な世界として映ったに違いない。実際、彼は化学の虜《とりこ》になる。

## ジャーナリストを目指した少年時代

上記の推察は、以下の事実からも検証できる。

子供ながらにジャーナリストを目指していた頃にグローフは、学生新聞の編集者から、ハンガリー共産党とソ連を讃えるメーデーの行進に自身の学校の生徒が参加した様子を記事にするという課題を与えられた。ところが、実際に現場に着いてみると、街中のスピーカーからは党とスターリンに対する万歳の声が響き渡っているものの、強制的に参加させられた市民全員がノロノロ歩いているだけで、誰一人歓声をあげていない現実を目のあたりにした。しかもスピーカーからの声は、あらかじめ録音されたものだと気付いた彼は、結局、記事を提出することはなかった。

そのため学生新聞の編集者は、他の生徒が書いた文章を元に、ブダペストの若者が熱狂的に共産党を支持しているという内容の記事に仕立てて掲載した。この出来事をきっかけに、彼は自分が目にして分析した結果と、新聞の報道が乖離《かいり》していることに気づき始め、最終的にはいくら記事を書いても掲載されなくなり編集部との縁も切れた。グローフは、政治に左右されるジャーナリズムの仕事に嫌気がさし、主観に左右されない職業に惹かれて、後に大学で化学を専攻することになるのである。

このように彼は、目の前で起こることに対して、常に公平な目で判断を行うことを怠らなかった。ソ連はナチス・ドイツを追い出し、自分たちの命を救ってくれた。そういう意味ではハンガリー共産党には感謝する気持もあるが、その一方で日々の生活への干渉を強めてくる統治方法には疑問を持ち、その政治信条は理解しがたいとグローフは感じていた。

ハンガリー動乱の最中には、国民が党に反旗を翻《ひるがえ》し、それまで自分たちを取り締まってきた政治警察に対する人間狩りが起きた。武装した民間人が取り囲むアパートの前で、グローブが周囲に話を聞くと、政治警察の一員の隠れ場所がこのアパートだったということもあった。

このような状況下では、普通ならば群衆に付和雷同《ふわらいどう》するところだが、グローフは、追われている人物が、本当に政治警察の関係者だという確証はあるのだろうかと訝《いぶか》しがる。生来《しょうらい》彼は、多数決ではなく、自分が考えて正しいと思える道を歩むことに躊躇《ちゅうちょ》することはなかった。

## 「媚《こび》やへつらい」を嫌う

グローブの自伝を読むと、彼は理由なくちやほやされることが嫌いだったことがよくわかる。父のオフィスを訪れると、皆が過剰に気を使い、お世辞を言ってくることに嫌気がさしたようだ。彼は、地位や肩書きではなく、実力に対して正当な評価を受けることを当然と考えていた。

昭和を代表する哲学者の一人、三木清は、『人生論ノート』のなかで、「ひとに阿（おもね）ることは間違ったことを言うより遥かに悪い。後者は人を腐敗させはしないが、前者は人を腐敗させ、その心をかどわかして真理の認識に対して無能力にするのである。」と述べている。まことに「褒めること」が、人間関係をよくする特効薬のように言われたり、それを推奨するような書物がベストセラーになったりしていて、しかも最近の若者は叱られることに慣れていないので、「褒《ほ》めて育てる」ということが、社員研修での常識のようになっているが、果たして本当だろうか。

グローブは自分がされると嫌なように、他人にも根拠のない褒め言葉を使ったり追従《ついしょう》をすることは、生涯なかった。そのことは、彼の自伝やまた関係者からのエピソードをかき集めても、それに反するよう記事は見当たらない。これを、筆者はグローブの大きな美徳の一つと考える。この美徳をどのようにして身に付けたのか、もしくはもって生まれたものなのかは、心理学や人間学に縁遠い筆者には推し量るしかないが、グローブが論理的なものに引かれたこと、それが彼の生い立ちやその後の国家体制などの政治的な環境によるものでないかと推測することは、すでに既述したとおりである。

## 習慣を力に変える

グローブの自伝から、彼が、ダンススクールに通って、ダンスに一時夢中になっていたことがわかる。それはガールフレンドを作りたいという動機からだったようだが、彼は自らスクールの門を叩き、ダンスの不思議さに取りつかれた。ガールフレンドを見つけたいという私的な欲求は、達成できなかったが、どのようにしたらダンスという不思議な動きを論理的に理解し、体得できるかを探求するため、ついに卒業するまでの間、一つのダンススクールに通い続けたのである。

しかし、ここで見られたような、彼の論理性、公平性、自己肯定感、探究心は、すべて、アンディ・グローブの企業人としての将来につながっていったことは確しかであろう。グローフが通う学校のPTAの会合で、物理の教師が親たちに向かって、人生についての例え話をした。その教師は、人生を大きな湖に喩《たと》え、すべての生徒が片方の岸から泳ぎ始め、全員が泳ぎ切れるわけではないが、グローフだけは確実に泳ぎ切るだろうと言った。インテルも創業から幾度か不安定な時期を経験したが、アンディ・グローブは、その都度、立ち止まらずにリスクをとって社内でイノベーションを起し、事業を成長させて、IT業界を泳ぎ切った。この物理教師の予測は、実に的確だったといわざるをえない。

三木清は、その著書において、「人生において或る意味では、習慣がすべてである」と喝破《かっぱ》している。「あらゆる生命あるものは形をもっている。生命とは形であるということができる、しかるに習慣はそれによって行為に形が出来てくるものである。」さらに三木は、「習慣を自由になし得る者は人生において多くのことを為し得る。習慣は技術的なものである故に自由にすることができる。もとよりたいていの習慣は無意識的な技術であるが、これを意識的に技術的に自由にするところに道徳がある。修養というものはかようなものである。」と述べている。この三木の人生論（仮説）を、グローブはその一生を賭して、検証しているように思えてならない。グローブは、おそらく彼の幼少時代からの興味の対象や遊び方のスタイルからして、細かい手作業やモノづくりのような、ある種の職人的な修練の積み重ねに喜びと生きがいを感じることのできる人間であったに違いない。ところが時代は、アナログからデジタルの時代に変化するのに伴い、修養よりも知識が求められるかのような様相を示し始めたときに、知識にも修養が必要なのだということを実体験したのでないだろうか。つまり、知識と修養を分離して考えるのではなく、そこに技術的な裏付けとしての修養を通して、知識にも習慣と同じようなかたちとしての各個とした強さや確かさを求め続け、その成果がインテルのビジネスモデルとして具現化され、インテル繁栄の基礎を築いたといえるのでないだろうか。

## 人生は旅：グローブの旅立ち

さて、ここで冒頭のシーンに戻ることにしよう。国境近くの農家で夜中になるのを待っていたグローフたちは、怪しい農夫の案内で、ときに手探りで進むような闇の中をオーストリアに向かって歩みだした。

どのくらい歩いたのかさえわからなくなった頃、農夫は遠くの灯りを示して、あれがオーストリアだとささやき、姿を消してしまった。

ぬかるみの原野を抜け、やっとのことで灯りまでたどりついたときにも、もしかすると再びハンガリーに戻ってしまったのではないかという不安がよぎる。しかし、彼らはついに、亡命者を温かく迎えてくれるオーストリアの地に立っていたのだった。

だが、オーストリアの憲兵によって、その夜の宿となる近くの小学校に連れて行かれたときには再び不安になり、グローフはヤンチと共に、女性二人を残して、そこから脱出する。そして、右も左もわからない中、親切な農婦や車掌の助けでウィーン行きの列車に無賃乗車でき、父の友人の仕事仲間の家までなんとかたどり着いた。

そこからも紆余曲折はあったものの、グローフはしばらくウィーンに滞在したのち、アメリカの難民支援団体の援助によってニューヨーク行きの船に乗ることができた。そこから、かつての敵にして守銭奴《しゅせんど》たちの棲《す》む国での、新たな人生が始まったのである。

グローブの人生が密度の濃いものであったことは、ここまでみてきた彼の生い立ちからアメリカへの亡命に至るまでの道のりを辿るだけでも容易に想像はつく。彼の生き方は、最初から具体的な目的があったのではなく、そのプロセスを大事に生きるという生活の習慣やスタイルが、彼を結果として、成功に導いたのだと思う。三木は「旅は未知のものに引かれてゆくことである。旅においてはあらゆるものが既知であるということはあり得ないであろう。なぜなら、そこでは単に到達点或いは結果が問題であるのではなく、むしろ過程が主要なのであるから。途中に注意している者は必ず何か新しいこと、思い設けぬことに出会うものである。」と述べ、さらに、「ただ感傷に浸っていては、何一つ深く認識しないで、何一つ独自の感情を持たないでしまう。」、「真の自由は物においての自由である。それは単に動くことでなく、動きながら止まることであり、止まりながら動くことである。」「真に旅を味わい得る人は真に自由な人である。旅することによって、賢いものはますます賢くなり、愚かな者はますます愚かになる。」と述べている。

まさにグローブの一生が、三木の人生論の正当性を実証しているという思いを筆者はますます強くもつのである。

コラム

# グローフと憧れの女性たち

本書は、基本的にはアンディ・グローブのビジネス哲学とリーダーシップの秘密を、その人生やインテルCEOとしての活躍の中から探り出していくことを目的としている。しかし、こと仕事となると厳しい彼も、実際には人間味あふれる性格で、特にハンガリー時代にはおませな一面や恋に悩むナイーブさを見せることがあった。

このことについても、グローブは包み隠さず、筆者も半ばあきれるほどの率直さをもって自伝の中で触れている。そこで、その人間性をより深く理解するためにも、ここで彼が憧れた女性たちについて、まとめておきたい。

最初にグローフが女性を意識したのは、

猩紅熱《しょうこう》の手術後の入院中のこと。まだ5歳にもなっていない幼少の頃で、名前はわからないが、自分を担当する青い目にブロンドの髪を持つ看護婦のことを、とても気にかけていた。彼女が病室に来ると、グローフの胸はポッと暖かくなったそうだ。

また、彼は7歳頃になっても耳にたまる膿《うみ》を定期的に除去する排膿処置が必要だったのだが、執刀医が亡くなってからはゲルマン先生という著名な専門医のケアを受けることになった。この医師の妻は高名な女優であり、その名声が夫の評判にも良い影響を与えていることに、グローフはいたく感心した。それで、たまたまゲルマン先生から大人になったら就きたい職業を訊かれたときに、彼は「女優と結婚したいから先生のような医者になる」と答えたのだった。

小学1年生のときのグローフのお気に入りはアニコという女の子で、逆に彼に好意を寄せるエバという子もいた。アニコが病気で欠席した際に、グローフは母に連れられて見舞いに行ったのだが、彼の姿を見たアニコがベッドから飛び出して抱きついてきたので、嬉しくて胸が高鳴ったと述懐している。

戦争で中断していた小学校が再開し、3年生になったグローフが熱を上げたのは、ブロンドがかった茶髪をお下げにしていたエトカという少女だったが、彼女とは一度も言葉を交わすことなく遠くから眺めるだけだった。

11歳でギムナジウムに入学したグローフは、きちんとした身なりをした丸顔の上品な英語のエンドレォーディ先生に惹かれた。そして、自分を印象付けたい一心で勉強し、実際に英語の成績も伸びていった。

さらに、ギムナジウムからの転校先の学校で、小学一年生のときに彼に片思いしていたエバと偶然再開し、今度は大人びたストッキング姿にグローフのほうが魅了されてしまう。しかし、気取った笑顔で挨拶されただけで、今回は自分のほうが相手にされないという結果に終わった。

その学校で彼は、若くて美しいが共産党職員と結婚しているらしい歴史のバーシャールへイ先生にも惹かれるものを感じた。二人掛けの席の隣の生徒が欠席すると、そこにバーシャールへイ先生が来て机の上に腰掛ける。香水が香り、開襟のブラウスから覗く首と顎の裏を照れくさい気持ちで見つめるグローフは、隣が欠席するたびに喜んだのである。

そうかと思うと、ロシア語の補習クラスでは、ガリーナというブロンドの元気な女の子に目を留めた。そのクラスでは互いにロシア語のファーストネームを付けて呼び合っていたので本名ではないが、たまたま帰り道が一緒だったこともあり、ガリーナ目当てで授業に出ていたものの、最後までデートを申し込む勇気が出ずにそのままになった。

一年次の終わりには、放課後の散歩に誘った別の女の子にデートの約束をとりつけることができ、グローフはそわそわした。真面目な彼は密かに挨拶の練習までしたのだが、結局はすっぽかされてしまい、ショーウィンドウに映った自分の姿に自己嫌悪《けんお》するとともに、彼女だけでなく、すべての女の子に対して怒りを感じたのだった。

その夏、市民公園のプールでグローフは、ビキニ姿の女の子たちを遠くから眺めて過ごした。偶然、そこでガリーナとも出会い、一緒に楽しく泳ぎはしたものの、それだけで彼は興奮し過ぎてプールから出るタイミングを失い、置き去りにされてしまった。

三年生になったグローフは、二年生の女子のクラスで化学実験の実演をすることになり、被験者となったエルジという学生と、市民公園で本格的なデートをすることに成功した。ところが、何回か会ううちに最初の興奮を二度と味わえないことに気がつき、そうこうしているうちにエルジは自分よりもハンサムな別の三年生と付き合うようになった。グローフは悲しかったが、その度合いは以前ほどではなくなっていく。

その後、興味を持った文学同好会では、以前とは別のエバという女の子と出会い、互いに好きであることがわかってデートするようになったのだが、正しいキスの方法をめぐって口論が起こり、関係はそれきりとなった。グローフは、何事においても自分なりの信念を持っていたのだろう。

そうかと思えば、彼には恋愛がらみではなく女性の親友ができたこともあった。学業は優秀ではなかったが、可愛らしく元気のよい学生で、名前をマリアンヌといった。彼女には別にボーイフレンドがおり、あらかじめそのことを知っていたのがよかったのかもしれない。グローフは、彼女との関係を新鮮に感じ、大いに楽しんだのだった。

大学では、小さな田舎町からやってきたビキという女の子を好きになった。物静かで気取りがなく小柄なビキは、グローフはいつも彼女に会うことが楽しみで、一緒にいるとホッとできたと書いている。

これでアンディ・グローブの回想の中にある女性の話は一区切りを迎える。それを含めて本章のエピソードは、その半生の自伝である『僕の起業は亡命から始まった』(日経BP刊)を参考にしているが、彼はなぜここまで正直に自分の心の動きを記し、残したのだろうか?

グローブは、企業の経営者として世間の目に晒《さら》され、ときに批判の対象になろうとも、それは社会性の高い仕事をしている以上、致し方ない義務のようなものだと考えていた。これに対して、個人としての立場は別にあり、そこはプライバシーとして守られるべきという思いがあった。

しかし、最終的には、公の自分は個としての自分があるからこそ、また、幼少期から青春時代の経験が、その後の人格形成や仕事のスタイルにも大きな影響を与えたからこそ、成功を掴《つか》むことができたという事実を認めるに至った。その結果として、それまで語られて来なかった生い立ちからの人生を、自ら半生記として著したのだ。

それにしても感心するのは、グローブの記憶力の良さで、物心ついてからの様々な出来事や人々の名前に至るまで、実に事細かく覚えている。そのことも、彼が過去を大切に思っていたことの証ではないだろうか。

2017年6月に亡くなった元フリーアナウンサーの小林麻央さんは、手記の中で「病気になったことが、私の人生を代表する出来事ではない」とし、「私の人生は、夢を叶え、時に苦しみもがき、愛する人に出会い、二人の宝物を授かり、家族に愛され、愛した、色どり豊かな」ものであると記した。グローブの中にも、インテルの経営者として名を馳せたことだけが自分の人生ではなかった、との思いがあったに違いない。

実際に彼は、ジャーナリストを志す前に作家に憧《あこが》れた時期があり、内面に豊かで多彩な顔を持つ自分を、文章によって表現したいという思いを秘めていた。その強い思いが、後年、自伝やインテル時代の経営術などの書籍を自ら著すことになる。

企業のマネジメントも、ペン一本で独自の世界を描く作家という職業も創造するという点で、相通じるものがあるといえるだろう。

# 第2章

# 懐疑から決断へ：高次のリーダーシップ

# 世界を変えた離反劇

これまで、まったく存在していなかった産業が産声をあげ、輝かしい未来に向かって歩み始める。そんな機会に立ち会い、しかも、その中核的な場所で活躍する機会に恵まれる人は、そう多くはない。

しかし、パーソナルコンピュータの思想上の父といわれるアラン・ケイがいみじくも看《かん》破《ぱ》したように、「未来を予想する最良の方法は、それを自ら発明してしまうこと」にある。第1章で述べた「人生において、後につながるかもしれない点と点を記す」という作業を、そのときどきで真摯《しんし》に行ない続けた者が、そうした未来を築き上げるのであり、それは、現在のスタートアップ企業や、既存の会社の新規事業にも当てはまる。

## ニューウェーブの胎動

後にインテル創業へとつながっていく半導体産業というニューウェーブの胎動は、まだグローフ・アンドラーシュだったアンディ・グローブがニューヨークに到着し、まさにアメリカへの亡命を果たした1956年に、大陸の正反対に位置するシリコンバレーで起こっていた。その年、電界効果トランジスタの発明者で天才技術者の名をほしいままにしたウィリアム・ショックレーが、自身の名を冠したショックレー半導体研究所（実質上は半導体の開発・販売会社）を設立したのである。

設立のための資金は、pHメーターの開発者でベックマン・インスツルメンツのオーナーだったアーノルド・ベックマンにより、自身の会社の一部門とすることを条件に拠出されている。研究所名にショックレーの名が冠《かんむり》として付されているのは、彼の開発者としての名声が優秀な人材の募集に有利だからと考えての判断だと思われる。

皮肉なことに、グローブの生活を脅かし、最終的に親と引き裂かれて亡命を余儀なくされるきっかけとなった第二次世界大戦の勃発は、アメリカの産業界に好景気をもたらしていた。カリフォルニア州のベイエリア地域に密集するエレクトロニクス系企業にも降って湧いたような特需をもたらし、好景気と成長の原動力となっていた。

このときにショックレー自らが採用し、彼の下に集結したのが、インテルの初代CEOとなったロバート（ボブ）・ノイスや二代目CEOのゴードン・ムーアを含む気鋭の技術者たち8人だった。彼らなしには、その後の半導体革命が少なくとも数年は遅れていたと言っても過言ではないであろう。

ショックレーのもつ先見力は、並外れたものだった。その証拠に彼はこの当時、すでに半導体における添加物の主流であるガリウムよりも、シリコンに将来性があることをいち早く見抜いていた。だが、その一方で、性格的には気難しく、猜《さい》疑《ぎ》心《しん》に満ちた最悪の上司であり、経営者としての才覚が欠如していたと言わざるをえない。

## 猜《さい》疑《ぎ》心《しん》はガチョウを殺す！

この猜疑心が何からもたされたものであるのか、ショックレーに関する資料は極端に少ないため筆者は推測するしかない。研究者としての名声も地位もある彼が、何に猜疑心を抱いていたのか。

彼が、本来は開発者であったことからすると、物を生み出すことが彼の生きる力になっていたはずである。それは、発見というより、窮迫《きゅうはく》感から生ずるところの発明であったかもしれない。

三木清は「知識人というのは、原始的な意味においては、物を作り得る人間のことであった。他の人間の作り得ないものを作り得る人間が知識人であった。知識人のこの原始的な意味を我々はもう一度はっきり我々の心に思い浮かべることが必要であると思う。」「作ることによって知ることが大切である。これが近代科学における実証的精神であり、道徳もその意味において全く実証的でなければならぬ。」と述べている。つまり、実証する習慣（体質）を身に付けた本物の技術者（人間）であれば、猜疑心など生まれようはずもないと三木は訓《おし》えているのである。人生の意義とは、抽象的なものにどれだけ熱意をもって、その抽象的なものを実証していくかということに尽きるのではないか。

先見力という点からすると若き日のスティーブ・ジョブズもショックレーと同じように優れていた。彼はリーダーとなれるカリスマ性を備え、紆余曲折《うよきょくせつ》を経て経営のノウハウも身につけてアップルを成功に導くことができた。これに対して、ショックレーはスタッフとの軋轢《あつれき》を拡大するような振る舞いばかりを行ない、研究所設立の翌年に、早くも、金の卵を産むガチョウたち、すなわち最も大切にすべき8人のエンジニアの離反《りはん》を招くことになる。

この両者の違いを考えることから、我々は多くの教訓を得ることができるように思う。スティーブン・コヴィーが世界的なベストセラー『7つの習慣』のなかでいう最高次元の習慣は、まさに金の卵を産むガチョウを大切にすることであった。三木は、「俗物の成功主義者は、生きることがそもそも冒険であるという形而上学的真理を如何なる場合にも理解することのない人間である。想像力の欠乏がこの努力家型を特徴付けている。」と述べている。まさに目先の利益しか考えない、ガチョウを殺すという想像力の欠乏がもたらす行為は、会社経営においても最悪の事態を招く。

すなわち、ショックレーを反面教師とすることは、部下を管理する必要のあるすべての役職の人にとって有用と考えられる。

彼は、自らが選び抜いた人材であっても小馬鹿にしたような態度で接し、部下のアイデアは却下、もしくは自分では判断できないとなると外部の人間の意見に従うことも多かったそうだ。しまいには、自分が勝手に思い込んだ疑念を晴らすために、スタッフに対して嘘発見器まで使って検査を行なうようなことまでしたというから常軌を逸している。

彼は、まるで、マッチポンプのように、自分のなかで生まれてくる疑念を雪だるまのように大きくしては、自分のなかで消すことに多くの時間と労力を浪費したともいえる。彼の猜疑心は、つまるところ嫉妬心から生まれていると言えるだろう。性善説を疑わせるものがあるとするとそれは、嫉妬を伴う人間の存在だ。嫉妬には、相互に高めあう作用がない。それよりも相手を自己より低い次元に陥《おとしい》れることに最大限の関心を払う。

三木は次のようにも述べている。「嫉妬心をなくするために、自信をもてといわれる。だが自信は如何にして生ずるのであるか。自分でものを作ることによって。嫉妬からは何物も作られない。人間は物をつくることによって自己を作り、かくて個性となる。個性的な人間ほど嫉妬的でない。個性を離れて幸福が存在しないことはこの事実からも理解されるであろう。」他人の人生を簡単に論じることはできないが、ショックレーにとっての幸福とはどのようなものであったのであろうか。

# リーダーにとって必要な懐疑する力

アンディ・グローブは、顔面を真っ赤にしてよく怒ったという。彼の怒りは、猜疑心《さいぎ》や嫉妬心とは、異質のものであったであろう。それは、三木清のいう「懐疑心《かいぎ》」に近いものと考える。三木の記述のなかで、筆者が心に残るフレーズを以下に記してみる。

「現実の人間的な自由は節度のうちにある。」

「モンテニューの最大の智慧《ちえ》は、懐疑において節度があるということであった。」

「また実に、節度を知らないような懐疑は真の懐疑でないであろう。」

「知性に固有な快活さを有しない懐疑は真の懐疑でないであろう。」

「従来の哲学のうちで永続的な生命を有するもので、何等か懐疑的なところを含まないものがあるだろうか。」

「論理によって懐疑が出てくるのでなく、懐疑から論理が求められてくるのである。かように論理を求めるところに知性の矜持《きょうじ》があり、自己尊重がある。」

「哲学者は自己のうちに懐疑が生きている限り哲学し、物を書く。もとより彼は不確実なもののために働くのではない…むしろ不確実なものから働くのである。人生がただ動くことだけでなく、作ることであり……」

「真の懐疑家は論理を追及する。しかるに独断家は、全く論証しないか、ただ形式的に論証するのみである。」

「理論家が懐疑的であるのに対して実践家は独断的であり、動機論者が懐疑的であるのに対して結果論者は独断家であるというのがつねである…しかし、独断も懐疑も共に方法であることを理解しなければならない。」

「肯定が否定においてあるように、物質が精神においてあるように、独断は懐疑においてである。」

「すべての懐疑にも拘《かか》わらず、人生は確実なものである。なぜなら、人生は形成作用であるが故に、単に在るものでなく、作られるものであるが故に。」

懐疑と実践は表裏《ひょうり》一体であると説く、上記の三木の懐疑についての定義をみても、懐疑的な人間力を備えたリーダーは、実践力のあるリーダーともいえそうだ。

換言すると、常に自分を含めて社員全員を公平に扱い、その意見を尊重し、しかし必ず最後はトップ自らが判断を下して責任をとることが、会社の運営を円滑化する基本哲学とも言えよう。実に当たり前の話に思えるが、現実にこの理念をどこまで徹底して行なえるかとなると、表面的なもので終わってしまっているケースが少なくない。

まさに「真のリーダーは論理を追及する。しかるに似非《えせ》リーダーは、全く論証しないか、ただ形式的に論証するのみである」と先に挙げた三木の懐疑についての定義が、そのままリーダーの定義にも当てはまるように思える。

## 創業に必要なフラットな組織とリーダーの要件

日本連合艦隊司令長官の山本五十六元帥の言葉に「やってみせ、言って聞かせて、させてみて、ほめてやらねば、人は動かじ」というのがあるが、これほどリーダーのあり方を適切に表現している表現はない。つまり検証することが大切なのである。

若き理想に燃えて起業された会社が多い黎明《れいめい》期のシリコンバレーでは、(ショックレー半導体研究所のような例外を除けば)組織をフラット化し、従業員を信頼して様々な権限を持たせることが当たり前のように行なわれていた。

山本指令長官の言うところの「させてみて」が、大いに効果を発揮していたと思える。中でも、その方針を貫いて最も成功を収めたのは、ヒューレット・パッカードであろう。同社は、目標設定とそれに伴う権限を社員に委ねることでトップダウン型の経営以上に業績を上げることができ、さらに女性労働者を大切に扱って、子供や家庭にも配慮したフレックスタイム制を導入することで、さらなる生産性の向上を実現した。

だが、それでも、後のインテルの平等主義には及ばなかった。シリコンバレーの会社であってもヒューレット・パッカードを含めて重役には個室が与えられていたが、インテルではＣＥＯに至るまでキュービクル（パーティションで囲われた半オープンスペース）で執務し、一般社員との違いは、せいぜい身内の写真か、国家レベルの技術賞のメダルが壁に飾られているか否かの違いくらいしかなかったのだ。

山本指令長官の言うところの「やってみせ、言って聞かせて、させてみて、ほめてやらねば」を実践するには、まことに最適な環境をインテルのトップが自ら、作り出していた。

このように職場がフラットになった理由には、おそらくノイスやムーアにとって、ショックレー半導体研究所での出来事がトラウマのようになり、自分たちは真逆の企業文化を作るのだという強い決意が関連していたであろうことは容易に想像がつく。加えて、少年から青年期に、独裁制の弊害を嫌というほど思い知らされてきたグローブの意向も、強く働いていたはずだ。

いずれにしても、シリコンバレーは、他社で幸せに働くエンジニアたちの話が自然に伝わってくるような開放的な土地柄だったので、ショックレーの部下たちが、そのような職場環境に憧れても無理はない。こうして、ショックレーが呼ぶところの「八人の裏切り者」によって新たに設立されたのが、世界で初めて半導体集積回路の商業生産に成功したフェアチャイルド・セミコンダクターだった。

最終的に離反組のリーダー格となったのは、ボブ・ノイスである。彼にはショックレー半導体研究所という（少なくとも外から見れば）輝かしい職場を去ることについて迷いがあり、他の仲間は実際に辞表を提出するその日の朝まで、ノイスが翻意するのではないかという一抹の不安を抱いていたようだ。他の七人は彼なしでもショックレー半導体研究所を辞める覚悟はできていたものの、彼抜きで成功できるかどうかについては大いに疑問を持っていたのである。

とにもかくにも、新たに物を生みだすうえで不可欠な要件と思われる組織を構成する各員の自由さは、フラットな組織においてこそ醸成されていくと考えて間違いない。創成期の事業では、この自由でフラットな組織風土は、組織を成長させるうえで必要な干天の慈雨のように、その後の組織の急速で突発的な成長に欠かせないものであったと言えよう。

# 新たな産業のダイナミズムの表と裏

## 八人の裏切り者たちの旅立ち

世界初のことを成し遂げるということは、それまで地球上に存在しなかった様々な仕組みを作り上げ、ビジネスの環境を整えることを意味する。そして、意識するか否かに関わらず、そのための準備がごく自然に行なわれたり、後に常識化する枠組みが第三者によって作られていくこともある。半導体関連の事業を現在のような一大産業へと押し上げたのはインテルだったが、その礎《いしずえ》となる理論や技術を確立したのは、まだ世間的には無名に等しいショックレー半導体研究所を辞めた八名の裏切り者たちだった。

この八人は、優秀な技術者で構成された自分たちのグループをまとめて雇用してくれる企業を探すことに並行して、自らの理論に基づく新たな半導体の研究・開発を進めていた。ところが、その過程で必要となった検査装置やその他の設備は、市販されていなかったため、そのほとんどを自作し、それらが後々の業界標準的な存在となるのだが、それが複雑な電子装置のみにとどまらず、作業台のように一見単純なアイテムについても同様だったことは興味深い。ノイスらと共に新会社の創立メンバーとなったビクター・グリニッチとマレー・シーゲルが、ホテルの一室で電話帳を積み上げ、「このくらいがちょうど良さそうだ」と決めた高さが、他社にも採用されて今日に至っているのである。

そもそも彼らが自分たちの実力を外部にアピールしようと、暫定的に確保した初期の仕事場となった建物には、当初、電気も使えず、基本的な就業時間は日が暮れるまでに限定された。作業を続ける場合には、近くの電柱から引いたケーブルで細々と灯りをとるといった具合で、冷え込んだ日には手袋やマフラーをして、(これも電柱からとった電気で動く)暖房機の前に陣取って開発を続けるという厳しいものであった。

そこにやって来たのが、投資銀行員であるアーサー・ロックである。彼は、創立メンバーのうちの一人であるユージーン・クライナーのコネで、開発中の技術に関する企画書を読んでいた。

このクライナーの企画書も、一般人には理解できないような新技術について書かれていたので、当時なら投資銀行でも成否の判断がつかずに突き返される代物であった。ところが、偶然にも入社したてで実績作りに意欲的だったこの投資銀行員の手に渡ったために、思いもよらぬ展開が待ち受けていた。上司と共に、寒々とした仕事場を訪れたこの投資銀行員は、何と彼らに転職ではなく起業を勧め、さらなる投資家を探してくることを約束したのである。

## 「バカな」と「なるほど」

読者の皆さんは、この話を聞いて、何が「思いもよらぬ展開」なのかと訝《いぶか》しがるかもしれない。だが、その頃は、いかにアメリカのシリコンバレーであっても、スタートアップ企業に投資すること自体が非常識で型破りなことだった。

たとえば、世界的な大ベストセラー書となった『ハリーポッター』シリーズが世に出るきっかけは、普段は児童書の企画を門前払いしていた小さな出版社の編集者が、たまたま送られて来た原稿に目を通して個人的に続きが読みたくなり、最終的に社長を説得して発刊に漕ぎ着けたことにある。

神戸大学名誉教授の吉原英樹氏は、その著書『「バカな」と「なるほど」』のなかで、非常識と思われるものが、実はそうでなく、大きなヒット商品に結びつくことがあることを分かり易くロジカルに解説されている。イノベーションの裏には、このような常識と思われていたものを突破していく力が必要だと唱える。その突破するための切っ掛けが、融資銀行員との出会いであり、『ハリーポッター』では、感性の豊かな編集者との出会いであったと言えよう。

結局、30社以上から投資を断られはしたものの、航空写真や斬新な航空機の開発で成功したフェアチャイルド・カメラ&インスツルメント・カンパニー（FC&I）の創業者、シャーマン・フェアチャイルドの賛同が得られ、150万ドル（現在の貨幣価値で約27億円）という巨額の出資を受けてフェアチャイルド・セミコンダクターが設立されたのは、1957年のことだった。

様々な業界で長きに渡って利用されてきたツールや慣習、制度には、それなりの理由や意味もあるだろう。だが、逆にいえば、そのときの勢いや時間的制約のために、たまたま決まってしまった事柄が含まれていても不思議ではない。イノベーションのマントラの一つに「常識を疑え」という言葉があるが、それは何も大きなビジネスモデルや製品のあり方ばかりが対象なのではなく、「もっと身近で無条件に信じ込んでいた、目の前にある何か」だったりすることが、ここで述べたエピソードからも理解できる。

そんな小さな常識を探し出して、なぜそうなのか、より優れたやり方はないかと考え直してみることも、新世代のリーダーたちにとって、良き思考のエクササイズになるに違いない。

# 逆境からのレジリエンス

黎明期のシリコンバレーで希望と欲望が渦巻いていた1950年代後半、グローフはニューヨーク市立大学で化学工学を学ぶ学生だった。

ハンガリーからの難民である彼にとっては、ニューヨークに向かう船の中ですら見るものすべてが新鮮に感じられ、特にオレンジジュースの美味しさに感動したという。

また、ナチスドイツとロシアの占領下で子供時代を過ごした経験から培われた観察眼と洞察力は船内でも発揮され、上陸前に予防接種を受けるにあたって、こんなエピソードがあった。

注射を担当する医師は二人いて、一人が若い白人、もう一人は黒人であり、どちらに並ぶかは自由に選択できた。するとグローブは躊躇《ちゅうちょ》することなく黒人医師のほうを選んだのである。

その理由がわかるだろうか？　彼は、アメリカでは黒人に対する強い人種差別があることを知っており、その環境にあっても医師になれたのであれば、さぞ優秀なのだろうと考えたのだ。

このような思い込みや偏見にとらわれない正しい判断を瞬時に行い、迷わず黒人医師の列を選んだ決断力は、彼が経営者としての資質を若い頃からもちあわせていたことの証左ともいえよう。

学業の合間に、グローフはグリーンカード（米国永住権）を取得するための手続きも行ない、その際に自分の名前をアメリカ風のものに変えることにした。

この頃のグローブの正式な名前がグローフ・アンドラーシュ・イシュトバーンであることはすでに前章で紹介したが、ニューヨーク市立大学の入学登録時に担当者から「アンドラーシュでは発音がしにくいので（アンドリューの愛称の）アンディと呼んでもいいか？」と訊かれ、その響きが気に入ったので改名を思いついたようだ。ラストネームのグローブは、グローフと発音が似ていることから選び、最後にイシュトバーンの英語名であるスティーブンをミドルネームとすることで、アンドリュー・S・グローブという名前が完成した。

このアメリカ名には、彼が、この新天地で生きていくという決意が込められていた。

グローブは、入学から三年半が経った1960年にニューヨーク市立大学を首席で卒業し、ニューヨーク・タイムズがそのニュースを大きく採り上げた。見出しは「難民がエンジニアのクラスを首席で卒業」というものだった。

そして、ニューハンプシャー州のリゾートでアルバイトをしているときに知り合った女性と結婚し、サンフランシスコへと引っ越した。西海岸に移ったのは、アメリカ入国当時の喜びと感激が落ちつくと、寒く、雨が多く、お世辞にも綺麗とはいえないニューヨークより、ハンガリーのブダペストのように太陽の降り注ぐ、風光明媚《ふうこうめいび》な西海岸の街で暮らしたいと思うようになったためだった。

良い職業に就くことに熱心だった彼は、少しでも自分の価値を高めようとカリフォルニア大学バークレー校の大学院に入り、引き続き化学工学を学んで博士号の取得を目指した。

第1章で触れた、幼少期の猩紅熱《しょうこう》が原因の感染症によって、グローブの耳は聞こえにくくなっていたが、そのことが彼に二つの特徴をもたらした。それは、相手との距離を詰め、正面から見据えて話をしっかり聞こうとする態度と、大きな声でよく通るように話す口ぶりだ。

元々、何事にも真摯《しんし》に向き合い、議論を通じて理解を深めることが好きな性格ではあったが、このハンディキャップから生まれたコミュニケーションスタイルは、生涯を通じて彼を特徴付け、ビジネスの現場でも強い武器となっていった。

## 失敗から学ぶ！

### 営業とマーケティングの違い

グローフ・アンドラーシュ改め、アンディ・グローブが、アメリカに根を下ろす努力を続けているときに、ノイスは着々と自身のアメリカンドリームを実現しつつあった、創業期のリーダーに求められる資質は、夢や情熱を持つこと以上に、それを外部の人間に伝え共感を得ることにある。そうしなければ業界内で孤立し、資金調達などもままならなくなってしまうからだ。

たとえば、筆者は、セールスとマーケティングの違いを端的に表す二つの印象的なエピソードを思い出す。それは、ヒッチハイカーが街道沿いでメッセージボードを持って立っている図で、一つは「ジャクソンビル（目的地の町の名前）まで」とだけ書かれ、もう一つは「クリスマスに母に会いに」と書かれている。もう、おわかりだろう。前者がセールスであり、後者がマーケティングに相当する。

事実をそのまま述べても、成功する確率は低いが、そこに感情移入できる要素を持ち込むことで、人の心が動く。

ノイスは、技術者でありながら、他人をその気にさせるプレゼンが巧みで、シャーマン・フェアチャイルドも、企画書にある技術そのものというよりも、ノイスが披露したビジョンに惹かれて出資を決意したと語っている。

ノイスがフェアチャイルドにアピールしたポイントは、大きく二つあった。

一つめは、自分たちの半導体技術が、事実上、安価な「金属線と砂（シリコン）」の上に立脚しており、成果物の価格と比べればタダ同然の材料費で製造できること。もちろん、設計・製造のノウハウと性能が価値を決めるので、売価が高くても正当な対価となるわけだが、こうした点で小さな新興企業でも差別化を図ることが可能で、市場をリードできると主張したのである。

二つめは、故障した電化製品を修理して使うことが当たり前の時代に、新しく買い換えるほうが安くて性能の良いものが手に入るという将来を予見したこと。それは、トランジスタに代表されるソリッドステート技術が、製造コストの大幅な圧縮と性能の驚異的な向上を達成する結果として実現される世界だった。

ノイスらが開発中の半導体が、安価に製造できて多額の利益を生み出し、人々が次々に買い換えてくれる、そんな好循環を生み出す製品であることを理解したフェアチャイルドは、リスクを承知で投資を行なったのである。

ノイスは、社内の開発体制においてもユニークな指導力を発揮した。これは、自動車メーカーが完全なニューモデルを市場投入する際や、他の業界でも社運を賭けた新製品開発を行なう場合などにも使われることのある手法だが、チームを二つに分けて社内で競わせるのだ。

現実には、このようにして短期間のうちに競争力のあるトランジスタを作り出さなければ、大きな後ろ盾を持つフェアチャイルド・セミコンダクターといえども、変化の早い半導体業界で早期に黒字化を果たして生き残ることはできないという事情があった。それにしても、最初のトランジスタをわずか3ヶ月で完成させたことには驚かざるをえない。

後にグローブ体制下のインテルでも、CPUの設計ミスや不十分なテストが原因で評価を下げたことがあったが、順風満帆でスタートしたかに見えたフェアチャイルド・セミコンダクターも、実際に製品を販売してみると思いもよらぬ問題が発生した。それは、製品の信頼性という、メーカーにとっては致命的ともいえる問題だ。

他のプロダクト系のスタートアップ企業にも見られる問題だが、多くの場合、最初の製品を完成させて世に送り出すことが最優先課題となりがちで、品質管理は後回しにされたり、そこまで手が回らずに市場投入されてしまうことがある。フェアチャイルド・セミコンダクターの場合も、天下のＩＢＭからの大口注文を受けて納品したトランジスタが、鉛筆の先の消しゴムで突いただけで故障してしまうような代物でしかなかったのだ。

## ゆっくり急ぐ！

現代のスタートアップ企業にとって、このエピソードから得られる教訓は明らかで、「多少納期に遅れが出るとしても、最初の製品やサービスは、十分なテストを行なってから公開せよ」ということになる。今という時代を象徴する資金調達手段となったクラウドファンディングを利用する若い会社も、たいていは当初の開発スケジュールを守ることができず、出荷が遅れるケースがよくある。それによって多少の信用を損なうとしても、中途半端な製品を出してスタート直後につまずくよりは、顧客の立場になって満足できるものを作り上げてから送り届けることが重要なのである。

逆に、一度会社を立ち上げて製品やサービスを出した後には、それなりのスピード感を持ってアップデートや新技術の投入を行なっていかねばならない。その結果、万全を期したつもりでも、何らかの不具合や不都合が発生することを常に想定して備えておくことが求められる。

そして、このときにノイスが採った対応策は、グローブ時代のインテルにも引き継がれ、同社が長きに渡って半導体業界で生き延びてこられた最大の要因となった。

それは、「失敗から学んで迅速に対処し、これまで以上に素晴らしい製品や技術を作り出して信頼を回復する」という当り前のことを忍耐強く継続していく企業文化が培《つちか》われたことを意味した。

さらにノイスや（後の）グローブは、社内の二チームを競わせる方法を採ることで、一定の品質水準を保ちながらスピード感をもって達成していくことに成功する。特に、自分こそが一番だと思っているような優秀な人材が集まってできた組織では、ライバルの存在が個々の能力を最大限に発揮させるということを、この二人のリーダーは自らの経験から知っていたのである。

## オプティミズムが生む復元力

結局、IBMを相手にした失敗からは、半導体史上に残る画期的な技術が生まれることになった。プレーナー(平面の)プロセスと呼ばれるこの技術は、それまで、他の多くの製品と同様に三次元的に構築されていた半導体を、印刷技術の応用で二次元的に製造できるようにし、それまでとは比較にならない規模での大量生産と品質の安定化を実現した。まさに、転んでもタダでは起きないというまさにレジリエンス(復元力)の精神から生まれた技術であり、フェアチャイルド・セミコンダクターは単に窮地を脱するどころか、競合企業を出し抜いて業界におけるポジションをより強固なものにすることに成功したのだった。

三木清は、企業家的精神を次のように定義している。「近代的な冒険心と、合理主義と、オプティミズムと、進歩の観念との混合から生まれた最高のものは企業家的精神である。

古代の人間理想が賢者であり、中世のそれが聖者であったように、近代のそれは企業家であるといい得るであろう。」スタートアップ企業の成功は、おそらく常識を疑うところから生じた問題意識とチャレンジ精神が、たゆまない探求心と合理主義を基盤に、形となって実現していくプロセスのなかにあるといえるのではないだろうか。

# 奇妙な三角関係

一方で、無事に化学工学の博士号を取得したグローブは、1966年30歳の時に最も有望なビジネス分野で、かつ自分の専門も活かせそうな会社として、フェアチャイルド・セミコンダクターを選択した。

成長期にあった同社は、優秀な人材のリクルートに困ることはなかったはずだが、その基準に照らしても、グローブの学生時代の成績と学位は十分なものだったと考えられる。

といっても、入社した彼に任されたのは、研究所と半導体工場の橋渡し兼交通整理係のような役割で、肩書きは、プロセス開発担当アシスタントディレクターというものであった。要は、科学者たちが作り出す新技術に基づいた製品の試作品を安定して大量生産できるように新たなプロセスを構築するのが、彼の主な役割である。

これは損な役回りであった。なぜかといえば研究開発部門のスタッフは、自分たちの発明に自信を持っているため、工場で量産できないのはプロセス開発担当者のオペレーション能力に問題があると考えていることが通常であるからだ。しかし、プロセス開発担当者はそもそも研究開発能力が未熟なことが一番の原因ではないかと疑うため、その板挟みにあうのだ。

当時のグローブも例外ではなく、オペレーションのできない人材として酷評されたようだが、彼はやり場のない怒りを胸に秘めつつ、驚異的な我慢強さを発揮して、自分本来の能力を開花させる機会をうかがっていた。この時期にオペレーターとしての訓練を受けたことが、後にインテルの経営者として活躍するうえで、大いに役立ったことは容易に想像がつく。

いずれにしても、そういう状況にあったグローブは、他の大多数の社員がノイスの才能とカリスマ性に惹かれて父親のように慕う中で、あくまでも一人の上司として接し、そのリーダー的な資質を冷静に分析していた。

実は、後でも触れるが、インテルを率いた三人の天才（科学者としてのロバート・ノイスとゴードン・ムーア、経営者としてのアンディ・グローブ）の関係は複雑で、単純な仲良しクラブというようなものではなかった。

最も学究肌で出世や名声にこだわらない（ただし、自身の功績から自ずとその二つが付いて回った）ムーアは、ノイスとグローブの二人からそれぞれ尊敬されていたが、他人よりも前に出て評価を受けることにかけては誰にも負けるつもりのないこの二人は、ある意味で似た者同士というところがあるゆえ、互いにソリが合わなかったのだ。

超優秀な科学者で、経営者としても大胆にリスクをとって成功に導いてきたノイスだが、グローブの彼に対する評価は、「社内の対立意見を収拾しなくてはならないような難しい局面になると及び腰で、判断を保留したり、現場に委ねてその場から去ってしまうような優柔不断な男」というように低いものだった。

しかも、ノイスはインテル設立時以前から、すでに集積回路の発明者として名を成し「シリコンバレーの長（the Mayor of Silicon Valley）」とまで評されていたのに対し、グローブは世間に経営者として認められるまでは野心的な若者に過ぎず、自分が実質的に業務を仕切っていてもノイスの功績となりがちなことに不満を抱いていた。

つまり、企業の成功は必ずしもトップや幹部同士の親密さによって実現されるものではないという事実が、このことからもわかる。

たとえば、アップルにおいては、スティーブ・ジョブズの一番弟子ともいわれ、iPhone

プロジェクトの立ち上げからiOS 6の開発までを指揮して成功に導いたスコット・フォーストールは、特にデザイン部門のトップであるジョナサン・アイブやハードウェアの責任者だったボブ・マンスフィールドらと折り合いが悪かった。

アイブなどは、CEOのティム・クックの立会いがなければ、決してフォーストールとは会わなかったといわれるほどで、アイブから「自分と彼のどちらを選ぶか?」と迫られたクックの決断によって、フォーストールは事実上、更迭《こうてつ》されてしまう。

フォーストールは、iOS 6までは確かにジョブズのビジョンを実現した功労者だったが、そのまま社内に残っていたなら、アップルという組織を崩壊させた可能性が高い。どんなに才能に溢れた人間も、それぞれに活躍すべきタイミングと役割があり、そこから外れたと感

左よりグローブ、ノイス、ムーア(1978年)ⓒ Intel Free Press

じたときには、前向きにかつ潔《いさぎよ》く他の道を探ることが重要だ（フォーストールは、後にブロードウェイ・ミュージカルのプロデューサを務め、その作品がトニー賞を受賞している）。

## 「ムーアの法則」という信念

さて、ノイス、ムーア、グローブの話に戻せば、三人の関係にはそのような緊張感がある反面、一つのビジョンを共有していたことによって空中分解が避けられたともいえる。そのビジョンとは、ゴードン・ムーアが提唱した「ムーアの法則（Moore's Law）」である。

これは「法則」と銘打たれてはいるが、実のところ、ムーアが自らの経験や業界動向の分析によって導き出した「予測」と呼ぶほうが正しい。事実、ムーア自身が、これを「法則」と名付けたわけではなく、この分野の研究者が後年になって名付けたものである。

元々は、1965年に彼が発表した論文（"Cramming more components onto integrated circuits"）の中で述べた、集積回路上のトランジスタ数の指数的な増加の見通しであり、ひと言でいえば、それが「18ケ月（＝1・5年）ごとに倍になる」ことを示している。

もちろん、自然界の物理法則などと異なり、ムーアの法則は、何もせずに勝手に達成されるものではない。「弛まぬ努力をすれば、このペースの技術革新を継続できるはずだ」という予想に過ぎないからだ。しかし、提唱者本人を含むグローブら三人にとって、この法則は「目標値」であり「決意表明」でもあった。

彼らは、このムーアの法則を軸に結ばれていたのであり、それを証明するためには、リーダ的存在である三人の私的な個人感情などに捉われている暇はなかった。

## ノイスの価格戦略

象徴的なのが、ノイスがフェアチャイルド時代に始めてインテルにも引き継がれた価格戦略である。一般的に製品の価格は、原価に広告や運搬、販売のための必要経費と利益を上乗せして決定される。だが、ノイスはムーアの法則に即して1、2年先に可能となるであろう下落幅を予想し、現在の価格に適用してしまったのだ。

そうすると価格は相場の数分の一にできるが、もちろんそれでは原価をも下回って利益は出ない。

そこまでする理由は、競合企業が同水準の価格を打ち出す準備が整う前に、シェアを押さえ、顧客を囲い込む狙いがあるためだ。相手の出ばなを挫き、対抗する気をなくさせることができれば、一人勝ちした市場で後から悠々と損失分を取り返すことが可能となる。ところが、そのようにできるという100％の根拠や保証はどこにもない。ただ、ムーアの法則の信奉者として、それが真理であるうちは（すなわち、自らの力によって真理であり続けさせてさえいれば）そうなるはずだという信念のみで決断を下し、それに賭けるのである。

そのためには、利益は次の製品の研究開発のために回すと共に、優秀な人材が流出しないように社員全員で報酬を分け合うという体制が必要だ。しかし、フェアチャイルド・セミコダクターの親会社のFC＆Iは、利益をグループ内の別事業の投資に割り当てたり、幹部にのみ昇給や昇進の機会を与えてしまった。

このやり方は、旧来のアメリカンビジネスでは常識的なものであっても、半導体企業にとっては受け入れがたい仕打ちといえた。それは感情的な反発というだけでなく、現実にそんなことをしていては、フェアチャイルド・セミコダクターが立ち行かなくなり、ひいては半導体産業自体の根幹が揺らいでしまうためだった。

## 新会社設立への胎動

そんな状況を打破し、自らが理想とする半導体メーカーのあり方を実現するには、頭の固いＦＣ＆Ｉの体質を変えなくてはならない。一時は、ノイスが親会社のＣＥＯとなって改革すると目された時期もあったが、フェアチャイルド・セミコダクターをゼロからシリコンバレーのトップ企業にまで育て上げた彼をＦＣ＆Ｉ側が「経験不足」として候補から外したため、ノイスは反発。ムーアと共に再び会社を去る決心をした。

ムーアに心酔していたグローブは、彼から新会社設立の話を聞かされると、誘われる前に入社を志願した。そして、ムーアから「ノー」と言われなかったことに安堵すると共に、ノイスも運命を共にすることを知るや「ちくしょう、最悪だ」と思ったという。それでも、彼はすぐに自分の新たな船出に想いを馳せ、やがてインテルとなる会社の構想についてムーアと議論を始めた。

極論すれば、インテルは、ムーアの法則を将来に渡って維持するという使命を自らに課したノイス、ムーア、グローブの三人が、その理想を実現していくために築いた砦だといえる。したがって三人の個人的な感情が問題になり表面に浮上することはなかった。

このとき、１９６８年。グローブがＣＥＯとなるのは、まだ20年も先のことだったが、新たな時代の幕が開けようとしていた。

# 第3章

# 朝令暮改は悪くない…過ちを直ちに改めることの効用

# しなやかさが求められる時代

ＡＩ、ＩｏＴ、ブロックチェーン、暗号通貨量子コンピュータなど、過去に類を見ないビジネスを立ち上げ、成長させていくことは、もちろん有意義かつやり甲斐のある仕事だが、同時にパイオニアとしての様々な困難にも直面する。その障壁は、技術的な問題であったり、規制であったり、消費者の固定観念であったりと多岐に渡るが、前例がない故に避けて通れない通過儀礼のようなものといえる。

黎明《れいめい》期のインテルも、半導体という、革新的だがこの時代になるまで存在しなかった製品の価値を市場に認めさせ、期待に見合う、あるいはそれを超える技術を開発し、常に競合を跳ね除けて前に進むために、次々と立ちはだかる壁を乗り越えながらビジネスを発展させていく必要があった。

## 必要な方向転換

第2章では、決断したら振り向かずに前に進むグローブの生きる姿勢に触れたが、それでは、柔軟性を持つことは、その原則には反しないのだろうか？

結論から言えば、両者は相反するものではない。何故なら、決断の根拠となる世の中の状況が、かつてとは比べ物にならないほどのスピードで変化しているからだ。

つまり、前提条件が変わっていないのに方針を変えるのは企業経営におけるブレだが、逆に前提条件が変わっているのに方針を変えないとすれば、それは経営者としての（ひいては企業としての）怠慢にほかならない。

たとえば、別名「変化対応業」ともいわれる小売業や飲食業では、状況の変化に応じて売るものを変えたり、業態を変化させることは日常的に行なわれている。小売りチェーンは、好景気であれば意図的に商品ライフサイクルを短縮化させることによって高価格戦略を維持し、景気が停滞気味になればPB商品を揃えて低価格かつロングライフな販売戦略を展開する。あるいは、ファストフードチェーンが、安価なセットで攻勢に出たと思ったら、次にはプレミアムな商品をアピールしたとしても、それは市場原理に沿っているだけで、むしろ、あるべき姿として経済誌などで高い評価を得ることができる。

これに対して、製造業の場合には、創業時の志と製品が直結している場合が多く、既存の生産設備の足枷《あしかせ》や新たな設備投資資金の負担額の大きさもあって、一般に大きく舵を切ることが難しい。しかし、商品の納品先や販売先である産業分野や消費者自体の変化が激しくなっている以上、それをいち早く察知して、その半歩先を行く動きをしなければ、製品を市場投入したときには、すでに時代遅れや嗜好にそぐわないものとなってしまう危険性がある。

## パラノイアのすすめ

グローブは、ライバルを突き放しながらこうした危険を回避し、常に市場と密接に結びついて企業を存続させていくには、「パラノイア（妄想症）」になるしかないと説いた。パラノイアとは、かつては偏執病《へんしつびょう》とも呼ばれたが、思考や行動、人格に異常をきたすことなく妄想が膨らむ人間特有の性癖《せいへき》をいう。

グローブは、パラノイアという、マイナスのイメージさえ抱きかねない名称を使用して、自己の性格を分析してみせたが、筆者は思う。このパラノイアは瞑想癖《めいそうへき》に近い性格のものでなかったのかと。ただ、癖というのは、誤りである。瞑想は、何等習慣になり得る性質のものでなく、性癖となった瞑想は何ら瞑想でなく、夢想か空想であると三木清が述べているので、これからするとグローブは単なる夢想家ではなく、物を作り出す実業家である。したがって、彼のアイデアは夢想でなく、実現可能なものであり、それが神の啓示のようにどこから降りてくる。こう表現するのが正しいであろう。三木は瞑想いついて、「瞑想を生かし得るものは思索の厳しさである。」「瞑想は彼にヴィジョンを与えるものであり、ヴィジョンをもたぬ如何なる真の思想も存在しないからである。真に創造的な思想家はつねにイメージを踏まえて厳しい思索に集中しているものである。勤勉は思想家の主要な徳である。それによって思想家といわゆる瞑想家或いは夢想家とが区別される。」と述べている。

さて、第1章で触れたように、若き日のグローブは常に周囲を観察し、小さな変化も見逃さず、何が起こっても生き延びられるよう、様々なシナリオを想定して成長することを余儀なく強いられた。それが彼のいうパラノイアであり、ビジネスにおいても、市場の変化やライバルの動向、新たな技術の登場、顧客の嗜好の変化などを鋭く読み解き、必要以上に注意深く対処していくほか、不確かな未来に立ち向かう方法はないと考えていた。まさに彼の生き方は、心体まるときはあったのかと思えるほどの勤勉そのものといえる。

しかし重要なのは、方針決定の際にも、方針転換を伝える折にも、リーダー自らがそれを信じて実行することだ。組織が大きくなればなるほど、巨大な船のように惰性が働き、号令から実際の進路変更までのロスタイムも長くなる。それをどこまで短くタイムリーなものにできるかは、ひとえにリーダーのメッセージの強さや明確さ、そして指示の具体性にかかっている。

たとえば、スティーブ・ジョブズは、極端な場合、朝と夕方で指示していることがまったく正反対という言動もあった。しかし、彼は、(後に覆《くつがえ》すことになったケースでも)指示を行う時点では、常に自らの決断を心から信じ、確信を持って事にあたっている。彼の勤勉な思索の習慣が、ビジョンとなり、思想家のような強い信念とそのビジョンを一つひとつ検証していく実践家としての類まれな熱意が、彼の一生を通しての明瞭な個性をかたちづくった。これは、グローブにもみられる成功者に共通する一つの特徴のように思える。

だからこそ、幹部や社員は、ジョブズの朝令暮改に振り回されながらも彼の指示を尊重し、それを実行することに真剣に取り組んだ。もし、確信することなく決定を下し、確信がないことを隠すためにその決定に固執するようなことがあれば、それに基づくプロジェクトが表面上は滞りなく進んでいるように見えても、最終的なアウトプットの実効性は失われてしまう。

日本の旧来のビジネススタイルや社内体制では、企画やアイデアというのは、練りに練ってから実現させるべきものという考え方が主流だ。その結果、熟考を重ね、これ以上はないという段階になって、初めて開発のゴーサインが出ることになる。

これは、一見、理にかなない、無駄のないプロジェクトの進め方のように思える。そして、ひとたび方向性が定まったら、万難を排してそれを実現するというのが、製品化への早道であるという論理に支えられている。

だが、この方式の弱点は、作業がある程度進んでから、たとえそれがうまく行きそうにないとわかっても、引き返せなくなることにある。なぜなら、そこに至るまでの関係者の合意や、開発にかかったコスト、人的リソースなどを鑑みて無視できず、その路線のまま前に進むしかなくなるからだ。

## 「クイック＆ダーティー」

このように、過ちに気付いても引き返すことができずに起こる失敗を避けるためには、初期段階でなるべく多くのアイデアを出し、製品やサービスの簡単なプロトタイプを作って試しながら実現性や市場性を見極め、見込みのないプランを淘汰していくことが求められる。

英語には「クイック＆ダーティー」という表現があり、これは、有り合わせでも良いから具体的なものを作ることを指す。元々は、「仕上がりが美しくなくても手早く作ってみる」というような意味だ。もちろん完成品がクイック＆ダーティーであることは論外だが、製品・サービス開発の開発段階では、このクイック＆ダーティーの積み重ねによって早期にプロジェクトの可否を見極めることが、変化の速い業界で成功し、生き残るための方法論として有効なのである。

半導体開発には、化学の知識が不可欠であり、様々な化合物を作って特性を洗い出すことで、より優れた材料の組成を発見したりするが、実験サンプルを自作する際には物理的なアプローチも求められる。大学で化学工学を専攻したグローブはもちろん、ノイスは物理、ムーアは化学が専門の研究者であり、条件を変えて様々な実験を行ない、先の見えないアイデアは早期に葬《ほうむ》って、有望なものに集中するというプロジェクトの進め方にも、当然ながら慣れていたはずだ。そして、そのアプローチをビジネスにも応用したことが、インテルを成功に導いた最も根源的な要因となったものと筆者は推測する。

## すべてが順風満帆《まんぱん》ということはない！

だが、そんなグローブでさえも、インテルのCEOとなってから一度だけそのやり方から逸脱《いつだつ》し、自らはコントロールしにくい要因を開発過程に持ち込んだことがある。その結果、本当の意味での確信が持てないままプロジェクトを進めることの罠《わな》に陥《おちい》るはめになった。それは、2001年にリリースされた「アイテニアム」という64ビットのマイクロプロセッサが引き起こした混乱であり、「半世紀に渡るコンピュータ史の中でも最大の失策の一つ」に数えられたほどの失敗だった。

1990年代の前半、マイクロプロセッサ業界は、32ビットから64ビットへの転換期の入り口に立っていた。見かけの数字上では2倍に過ぎないが、64ビットプロセッサは、扱えるメモリやデータ量、そして処理速度も桁違いに大きくなる。しかし、インテルのプロセッサはすべて32ビットアーキテクチャを採用していたため、時代の波に乗り遅れる危険性を感じたグローブは、サーバー市場での地固めを目論むヒューレット・パッカードと共同で、64ビットの新プロセッサ開発に乗り出したのである。

ヒューレット・パッカードと手を結んだのは、同社が新プロセッサ開発の鍵を握る技術を提供すると約束したからだったが、そこに落とし穴があった。外部の一流企業と組むことで安心したのか、グローブ自身が技術の詳細を理解できていないにも関わらず、プロジェクトを推進してしまったのだ。

提携相手の技術を過大評価したために、64ビットプロセッサの開発は難航し、グローブも途中でプロジェクトが計画通りに進んでいないことに気づいたものの、もはや引き返すわけにはいかなくなっていた。加えて、部下たちも、プロジェクトの座組みの立派さと、ボスであるグローブの入れ込みようを前に、誰も異を唱えられるような状況にはなかった。

結局のところ、アイテニアムの完成は計画より3年も遅れた上、高い製造コストと低い歩留まりに悩まされ、性能的にも期待に沿うことができない、中途半端な製品となっていた。

また、市場側にも、業界アナリストやジャーナリストが唱える表向きのトレンドとは別に、従来からのプロセッサを軸に構築されたインフラやエコシステムが根強く残り、新アーキテクチャへの移行コストも勘案すると、おいそれとは乗り換えられない事情もあった。つまり、現実を見ずに理想を追ったことで足元をすくわれたのだ。

グローブは、ビジネスを進めるにあたり、直感と分析の双方を重視した。どちらも重要だが、直感と分析を融合して活用することで、どちらか単体に頼るよりも大きな成果を上げられるということを、あるインタビューでも述べている。たぶん、これは彼自身が最も身に沁みて感じたことだとは思うが、アイテニアムの一件では、分析よりも直感に重きを置き過ぎて、判断のバランスを崩してしまったのだろう。

ここでいう直観は、三木清が定義した瞑想にちかい。思索と瞑想の違いを三木は、「ひとは思索のただなかにおいてさえ瞑想に陥ることがある」という事実をあげ、さらに、「瞑想には過程がないという点で、本質的に過程的な思索とは異なる」と述べている。

さらに「すべての瞑想は甘美なものであり、瞑想はその甘さの故にひとを誘惑する。したがって、瞑想を生かし得るものは思索の厳しさである。不意の訪問者である瞑想に対する準備というのは思索の方法的訓練を備えているということである。」と述べている。グローブほどの懐疑力と論理的思索に富む人間でも、瞑想や直観という誘惑に占拠され、断念（撤退）する判断を誤ることがあることをリーダーは肝に銘じる必要があろう。

幸いなことに、インテルは32ビットアーキテクチャのままでキャッシュメモリを増量したサーバー向けのジーオンプロセッサを1998年から出荷しており、こちらが世界シェアの約9割を占めるほど支持されたため、アイテニアムの失敗による同社のビジネスへのダメージは最小限に留めることができた。

この一件で、グローブは批判に晒《さら》されながらも貴重な教訓を得て、その後は二度と同じような過ちを繰り返すことがなかったのである。

このような失敗はあったものの、本質的にグローブは懐疑家であったと筆者はそう思う。三木は懐疑家について、以下のように述べている。

「真の懐疑家は論理を追及する。しかるに独断家は全く論証しないか、ただ形式的に論証するのみである。独断家は甚だしばしば敗北主義者、知性の敗北主義者である。ひとは敗北主義から独断家になる。またひとは絶望から独断家になる。絶望と懐疑とは同じでない。ただ知性の加わる場合にのみ絶望は懐疑に変わり得るのであるが、これは想像されるように容易なことでない。」

この三木の文書を読むたびに、グローブが懐疑家であったという思いはますます強くなる。

# 大胆な選択と必要な軌道修正が成功の鍵

## 一人でブレストをこなせる天才ジョブズ

アップルの元ＣＥＯであるスティーブ・ジョブズは、アンディ・グローブを自分のメンター（指導者、助言者）の一人として慕っていた。また、グローブ自身も、ジョブズを個人的に親しい友人として認め、過去15～20年で最も創造的な人物だと称えていたので、両者の中はかなり親密だったことが伺える（ちなみに、グローブとノイスは、初期のアップルに投資しており、若き日のジョブズとノイスが談笑している写真も残っている）。

そんなジョブズは、特に１９９６年末にアップルに復帰してから、早期に大胆な選択を行ない、状況の変化に応じて必要な軌道修正を素早く行なうことでビジネスの立て直しと驚異的な成長を実現した。時期的にこのアイテニアムの失敗と重なる部分もあり、二人の間で何らかの相談やアドバイスなどが行なわれ、グローブが自身を反面教師とするようにジョブズに諭《さと》した可能性も十分に考えられる。

ジョブズは、一つの課題に対して、即座に多数のアイデアを出すことができたという。もちろん、そのすべてが問題解決に有効というわけではない。それどころか、99％は的外れだったという元部下の証言もある。ところが、残りの1％は他の誰にも思いもつけないような優れた着想であり、その意味では、ブレーンストーミングを一人でこなせる人物だったのだ。

的外れなアイデアを追いかけても時間の無駄であり、何のメリットもない。だからこそ、矢継ぎ早に検証し、使い物にならなければ切り捨て、有望な1％にいち早くたどり着く必要があるわけだが、この検証作業はプロジェクトチーム全体で行なわれていた。

このようにして決定された方針に基づいてリソースを集中させ、プロジェクトが進行していくわけだが、同時に、環境の変化に応じた修正も素早く行なわれた。たとえ製品が完成寸前まで進んでいたとしても、社会や経済情勢、ユーザー動向などに変化があれば、所期の目的が果たせない場合が出てくる。あるいは、予想よりも速い技術の進歩や要素技術のコストダウンが、より良い製品の在り方を実現するかもしれない。

## 引き返す勇気

そういう事態に直面したときこそ、潔くプロジェクトを破棄したり、すみやかにやり直しを行なえるかどうかが問われるが、アイテニアムプロジェクトにおけるグローブは、ここで引き返すことができなかった。

一方でジョブズには、プロトタイプまで完成させたiPhoneを試用するうちに、このままではブラックベリーが築いた初期のスマートフォン市場の牙城を崩すことはできないと感じ、発表までわずか数ケ月の時点でデザインとそれに伴う内部設計のやり直しを命じたというエピソードが残されている。その結果、初代iPhoneは、現在まで続くスマートフォンの原型となり、歴史を変える革命的な製品に仕上がった。

普通の会社ならば、発表までの期間が限られた段階で経営者が試作品にそのような印象を受けたとしても、それまでの開発チームの苦労も考慮し、予定通りに完成を急がせたことだろう。しかし、ジョブズは、リスクを負ってでも完成度を高める道を選んだ。

多くのアイデアを素早く試し、急がば回れで最も正しいと思われる答えにたどり着く。その上で、一度進み始めた道でも、先がないと気づいたり、より優れた目的地が見つかれば、プロジェクトがどの段階にあってもゼロからやり直す。そのような舵取りができたからこそ、アップルは蘇り、業界をリードし、従来の枠を超えるビジネス展開が可能になったといえる。

同様に、アップルには闇に葬《ほうむ》られたプロジェクトが数多く存在している。見方を変えれば、ヒット製品をたくさん送り出しているのではなく、ヒットしえない製品を大量に排除したからこそ、確実にヒットしうるものだけが残ったということなのだ。

初代iPhoneのリリースに先立つこと2年前に、アップルはWWDC（世界開発者会議）においてMacintoshのCPUをIBM／モトローラ連合のPowerPCからインテル製品に切り換えることを発表し、当時のインテルCEOだったポール・オッテリーニが壇上で挨拶を行なったが、そこに至る道筋を立てるにあたり、グローブの尽力があったであろうことは想像に難くない。

「プロジェクトはその社の品格である、ひとが外套を脱ぎ捨てるようにいつでも気楽にほかのプロジェクトを脱ぎ捨てることができるものが、真の企業家である。しかし真のプロジェクトは、彼はこれを捨て去らないし、捨て去ることもできない。真のプロジェクトは彼の生命と同じように彼自身と一つのものである。このプロジェクトをもって彼はあらゆる困難と闘うのである。プロジェクトを武器として闘う企業家のみが斃れてもなお真のプロジェクトを生むことができる。」

右の記述は、三木清の「幸福」についての定義を援用して、幸福をプロジェクトに置き換えたものであるが、プロジェクトでもピッタリ適合するのは驚きである。

ジョブズにとって、納得のいく真のプロジェクトを徹底的に模索したことが、アップル社に幸福をもたらしたと考えれば、プロジェクトと幸福を同義に置き換えて考えてみるのもあながち的外れにはならないように思う。

# インテル最大の方向転換とは?

## メモリからマイクロプロセッサへ

アイテニアムでは判断のバランスを欠いて失敗したグローブだったが、インテルにおける彼の最大の功績は、ジョブズ並みの大胆さでインテルのビジネス改革を行ない、創業当時とはまるで異なる新生インテルの礎を築いたことにあった。

同社最大の方向転換とされるその改革こそ、元々はグローブ自身が大反対した事業の推進だった。しかし、社会情勢や市場動向、顧客のニーズに変化があれば、たとえ180度の大転換だとしても辞さずに行ない、ビジネスを存続させるだけでなく、それまで以上に成功させていったところに、グローブの経営者としての真骨頂がある。

それは、主力ビジネスをメモリ事業からマイクロプロセッサ事業へと移行したことに代表される。今でこそ、インテルはマイクロプロセッサの巨人として知られているが、黎明期のインテルを支えたのはメモリ事業であり、'60年代後半から'70年代にかけて、同社の花形スタッフは常にメモリ関連の開発や営業の部署に配属されていた。したがって当時のマイクロプロセッサの開発は、インテルにとっては外部から持ち込まれた委託業務にすぎなかったのである。

その経緯の詳細は、同社と日本の深いかかわりについて論じた第5章で後述するが、電卓用のマイクロプロセッサ開発の仕事をインテルに持ち込んだビジコンという企業も日本の会社であった。それは1969年のことで、ちょうどインテルが同社初のMOS RAMチップである1101を発表した年にあたる。この1101は半導体業界におけるインテルの名を高めたマイルストーン的な製品といえたが、商業的に成功したのは後継の1103であり、まだこの時点では市場の反応も鈍かった。

## 業務の多角化が契機

インテルの業績が実際に黒字に転じたのは1971年のことであり、ビジコンがマイクロプロセッサの開発・製造の委託を打診してきたときには、業務の多角化によって経営状態を安定させるという戦略的ねらいが強かったと考えられる。

いずれにしても、ビジコンは自分たちが構想する電卓の実現のためには、汎用性に乏しい12種のチップセットが必要と考えていた。しかし、1968年に起業してまだ間もないインテルの設計担当技術者の数は限られており、12種ものチップの設計を並行して進めることは不可能だった。

ところが、ノイスからチップセットの再検討を指示されたテッド・ホフというエンジニアが、汎用的なチップ設計を行なった上で内蔵したプログラムによって機能を与えることで、わずか4種のプロセッサとメモリで同等の機能を実現できるというアイデアを思いついた。これによりビジコンとインテルは無事に本契約を結び、世界初のマイクロプロセッサ「4004」を核とするMCS－4チップセットの誕生へとつながっていったのだ。

だが、先に触れたようにインテルの業績はまだ安定していなかったことに加えて、（後に成功することにはなる）１１０３も初期の製造トラブルに遭って苦戦していた。このため、当時まだエンジニアリング部門の長として製造工程の管理などを行なっていたグローブは、屋台骨のメモリ事業を守るためにビジコンのプロジェクトに反対の立場をとり、ノイスらと対立することになる。その結果、ＭＣＳ－４チップセットの設計は滞りぎみとなったものの、ノイスの肩入れによって何とか完成させることができたという経緯があった。

## 日本企業という外圧

その後、日本でもお馴染みのマイクロプロセッサである「８０８０」や「８０８８」の時代となり、後者をリリースした１９７９年にグローブは43歳にしてＣＯＯ（最高執行責任者）へと昇格したが、インテルのビジネスの主軸は依然としてメモリに置かれていた。パーソナルコンピュータが台頭してきたとはいえ、メモリ市場に比べれば、マイクロプロセッサの市場は、はるかに規模が小さく、成長率も低かったためだ。

そこに忍び寄ってきたのが、東芝、NEC、日立などの日本のメモリメーカーだった。当初は、景気低迷で設備投資を控えていたインテルをはじめとするアメリカ勢のメモリ生産量不足を補う役目を担い、グローブも助かっていたところがあった。しかし、'80年代に入ると、日本勢は全力で世界の半導体市場に大攻勢をかけてきたのである。

業界の寵児《ちょうじ》とはいえ、当時のインテルは依然としてシリコンバレーにある小さな企業に過ぎない。対する日本企業は、メモリ開発関連の部署だけで巨大なビル1棟を占め、各フロアが世代の異なる（すなわち、チップあたりの容量が16K、64K、256Kのように分かれた）メモリーを並行して開発しているような状態で差は歴然としていた。加えて、日本製メモリを採用した企業から、インテルを含むアメリカ製のものよりもはるかに品質が優れているとの声が寄せられ、両者の比較データはグローブをして「自分たちが実現可能なレベルを超えている」といわしめ、何かの間違いではないかと否定せざるをえないほどの状況に追い込まれた。

だがすぐに冷静さを取り戻したグローブは、品質に関する追検査を行ない、先の比較データが驚くほど正しかったことを確認すると、自らも品質改善とコストダウンに乗り出すことになる。しかし、時すでに遅く、高品質、低価格、大量生産という三拍子揃った特徴を武器にした日本製メモリは、すでに市場を席巻《せっけん》していた。そのあおりで、1974年に82・9%を占めていたインテルのシェアは1984年にはわずか1・3%まで落ち込んだ。それでも、長年に渡って拡大してきた需要を満たすために構築された製造体制は、急な生産調整に対応できず、業績が悪化する中で在庫の山を作り続けた。

## 通用しないプレミアム戦略

この状況に対して、当初グローブは、日本製品にはない付加価値を持つメモリを開発し、高利益率で販売するプレミアム戦略を採ろうとした。だが、従来からのメモリビジネスに慣れ親しんだスタッフからは、会議を繰り返しても起死回生につながるような提案は出てこなかった。そしてグローブ自身も、メモリという半導体自体がコモディティ化していく市場では、プレミアム戦略が通用しなくなっていくであろうことに気づいていた。

まだ資金的な余裕はあったが、有効な次期メモリ戦略が見つからないまま一年余りが過ぎ、お金は出て行く一方となった。

この最大の危機の中、1985年の半ばに、当時のインテルCOOだったグローブは同じく会長兼CEOのゴードン・ムーアと悲壮に満ちた議論をすることになる。それは、「このまま業績が改善せず、自分たちが取締役会や株主の手で追い出されるとしたら、次なるCEOはどんな手を打つだろうか?」というものであり、最終的なムーアの決断は「メモリ事業からの撤退」だった。

それは誰がCEOを継ぐにせよ、その人物は、創業以来、この会社の屋台骨を支えてきたメモリ事業を葬《ほうむ》り去るということを意味する。とはいえ、グローブ自身も、ムーアの言葉を待つまでもなく、それが不可避であることに気づいていた。ただグローブは、自分が尊敬するメンターの口から、そのファイナルアンサーを聞きたかったのだ。そのひと言で踏ん切りをつけた彼は、生まれ変わってもう一度やり直す気持で、自分たちの手でそれを行なうことにしたのである。

# 重要なことは決断より実行力

## マルハナバチの訓《おし》え

こうして、グローブは、これまで社の屋台骨を支えていたメモリ事業に引導《いんどう》を渡す決断をした。そして、一世一大の決断を実行に移すという大仕事にかかるのである。

アメリカ有数の化粧品会社であるメアリー・ケイ・コスメティックス社の創始者であるメアリー・ケイ・アッシュ（1918―2001）の言葉に、次のようなものがある。彼女は自らもいくつかの訪問販売会社でトップクラスの成績を収めながら、男性社員との昇進や昇給の格差に嫌気がさして自ら起業したという経歴をもつ。

There are three types of people in this world: those who make things happen, those who watch things happen, and those who wonder what happened.

この世界の人たちは三つのタイプに分かれる。物事を実現する人、傍観する人、そして、何が起こっているのかわからない人

筆者は、実現する人と傍観する人の間に、もう一段階、決断する人が入るのではないかと考える。傍観するよりはマシだが、その決断を実行しなければ、結局は傍観していたのと同じことだ。

もちろん、アッシュは「物事を実現する人になれ」といっているわけだが、インテルの例では、ムーアもグローブと同じ決断をしながら、自らがCEOとしてその方向転換の陣頭指揮を執ることはなかった。また、ノイスは、自分が嫌われ者となることを避ける性格の持ち主で、CEO時代の方針決定では最後に話しをした者の意見が通るといわれるほど、自ら重要な決断を下すことが苦手だった。そのため、グローブは、特にノイスの経営者としての資質には常に疑問を抱いていた。

アッシュは、マルハナバチを自社のマスコットキャラクターにしたが、このハチは、太い胴体と極端に小さな羽を持ち、航空工学的には飛べるはずがないとされてきた種である。しかし、現実に飛び回っていることから、「不可能を可能にする」、「できると思えば何でもできる」という精神の象徴とされている（現在は、空気の粘度を考慮した飛行理論を適用して、飛べることが実証済みだ）。もしも、アッシュとグローブが出会っていたなら、意気投合する部分があったのではないかと思えるエピソードだ。

ベンチャー企業の起業にあたり、常識を疑うことの重要さは、ビジネスモデルを構築するうえで、大切な要素になる。このことは、先に吉原英樹著『「バカな」と「なるほど」』という書籍の例を挙げて解説したので、ここでは、これ以上言及しないが、瞑想と思索の関連性が大きく成功するビジネスモデルの構築に関係しているように思える。

## CEOとしてのグローブ

さて、一世一大の決断をしたグローブは、この時を戦略転換点と捉え、気持ちを切り替えて事に当たり、責任の所在を明らかにするため1987年にCEOとなった。日産の前会長兼ＣＥＯ（現会長）にしてルノーの会長兼ＣＥＯであるカルロス・ゴーンも、本当にやりたいことはＣＥＯになって初めてできるようになると語ったことがあるように、グローブも改革実行への意志を肩書きに込めたのである。

グローブは、同じように戦略転換点を迎えた企業の例を頭に浮かべ、多くの場合、キャリアを積んだＣＥＯたちの後釜に社外の人間が就いている理由を考えてみた。

同じ会社に長く勤め、ビジネスの危機を招いた原因の一端を担っている可能性のある前ＣＥＯは、既存の基幹業務への思い入れやしがらみを多く抱えている可能性が高い。しかし、社外から来る人間は、能力的には未知数であれ、少なくともそうした主観を交えずに客観的な判断を下すことができる。彼は、この未曾有《みぞう》の危機からインテルを救うために、その点こそが最も求められる視点であると結論づけた。

そこで、グローブはメモリ事業からの撤退後、次のビジネスの柱に何を据えるのかを考えるにあたり、部外者の視点から事業内容を見直すことにした。ムーアの法則の具現者として、初期のインテルを支えた三人の中で最も会社への思い入れが強いと思われた彼のこの変貌は、最大のリスクは何もしないことであるという強い信念とあらゆるものを懐疑し検証しようという行動力に基づくものと思われる。

## 大きな痛みを伴う事業転換

すると、一度は自分自身が真っ向から反対したマイクロプロセッサ事業の有望性が浮かび上がってきた。メモリに比べれば数は少ないとはいえ、その時点ですでにインテルには、ＩＢＭ ＰＣ互換機に5年に渡ってマイクロプロセッサを供給しており、同市場では最大のサプライヤーとなっている。しかも、それらのプロセッサは、いうなればメモリチップ開発の片手間に、古い工場の片隅で行なわれた研究を基に開発された技術であり、もしメモリと同じ精鋭の設計者と最新工場を投入して開発と製造を行なえば、はるかに優れた製品を生み出せる可能性があった。

幸いなことに、次世代マイクロプロセッサである３８６の生産準備も整っており、これまでメモリーに割り当てていた最新鋭の、かつ、そのままでは用済みとなる工場をプロセッサの製造に回すことで、より高品質なチップを迅速に安く生産できるようになる。

そのための指示を、グローブは直接その工場のあるオレゴンまで出向いて、そこに詰めているトップクラスのメモリ技術者たちを対象に行なったのだが、内心ではどのような反応が返ってくるのか、とても心配だった。だが、何としても彼らの賛同を得なければ、方向転換のモメンタムが失われる恐れがあり、その不安を押しのける強い気持で臨んだ。

このときに技術者に対して行なわれたスピーチのタイトルには、グローブの願いが込められていると同時に、彼の巧みな演出力がいかんなく発揮されている。それは"Welcome to the mainstream"（メインストリーム＝主力製品へようこそ）というもので、今までインテル社内では脇役扱いだったマイクロプロセッサが、これからの主力製品となり、その未来を、目の前にいる技術者たちが担っているというメッセージがはっきりと示されていた。まさに戦略転換期のリーダーに求められる、明確で具合的な意思表示であった。

しだいに落ち目となりつつあるメモリ事業に携わっている不安と、馴染《なじ》みのないマイクロプロセッサへの関心の無さが目立っていた技術者たちも、グローブの話しを聞いて、製品は異なっても、新たな基幹事業の中核となって働けるということに安堵し、その後、実際に素晴らしい成果を上げていくことになる。

グローブが意外に思うほど、このプロセスがスムーズに進んだのは、現場の技術者も同じように会社が直面しつつある問題を実感していたという背景があった。さらにメモリーの顧客の大半は、すでに別のメモリメーカーとの取引を準備中で、中にはメモリ事業からの撤退に対して、やっと決まったかという感想を漏らす者さえいたという。

もちろん、この改革には大きな痛みも伴い、同じ年にインテルは膨大な資金を失って'70年代以降初の赤字転落を喫すると共に、数千人規模のリストラに踏み切ることとなった。それでも結果的には、この歴史的な事業転換がその後のインテルの成長を決定付け、メモリ時代には得られなかった多大な売り上げと収益をもたらしていく。したがって、グローブの断行は正しかった。市場環境の変化に適格に対応したという意味で、インテルにもたらした彼の貢献は大きい。

また、この一連の騒動を経て、グローブは企業上層部の幹部よりも中間管理職こそが市場や顧客、ひいては社会の変化を敏感に感じ取り、自社ビジネスの改革に大きな影響力をもたらしうる存在であることに思い至った。このこともまた、その後の彼のマネジメントスタイルに、重要な役割を果たしていった。

第4章

# 成功はプロセスにある：本質をつかまえる力

# 途中を大切にする者だけが真の成功者になる！

グローブは、インテルのCEO時代に社員に宛てて、次のようなメッセージを送っている。

「会社にとって最も望ましい人材は、リスクを恐れず果敢に挑んで成功を収める者である。リスクを取って挑戦した結果、たとえ失敗したとしても、決して責められるべきではない。」

このグローブの言葉は、我々に成功とは何かを考えさせてくれる。少なくともグローブが、ただやみくもに成功だけを追求する成功至上主義者ではなかったことは、この言葉から明らかであろう。三木清は、成功について、次のように述べている。

「成功も人生に本質的な冒険に属するということを理解するとき、成功主義は意味をなさなくなるであろう。成功を冒険の見地から理解するか、冒険を成功の見地から理解するかは、本質的に違ったことである。成功主義者は後の場合であり、そこには真の冒険はない。人生は賭《か》けであるという言葉ほど勝手に理解されて濫用されているものはない。」

アップルを率いた故スティーブ・ジョブズも、世の中に挑戦する精神は、彼のメンターの一人であったグローブを大いに見習ったとされる。フェイスブック創業者のマーク・ザッカーバーグも、グローブの著作や助言に導かれたことを明かしている。

成功が先か、冒険が先かと禅問答のようになるが、おそらく、グローブにしても、ジョブズにしても、成功した企業家は、先に成功ありきで冒険をしたのでない。そんなことは不可能なことで、むしろ失敗を糧に物づくりに熱意をもって挑んでいく不屈の精神が、結果として成功を導いたと考えるのが自然ではないだろうか。

「成功のモラルはオプティミズムに支えられている。それが人生に対する意義は主としてこのオプティミズムの意義である。オプティミズムの根底《こんてい》には合理主義或いは主知主義がなければならぬ。しかるにオプティミズムがこの方向に洗練された場合、なお何等か成功主義というものが残り得るであろうか。」この三木の成功についての定義から、グローブやジョブなどの成功した企業家は、成功主義者ではなく、イノベーターとよぶにふさわしいことの理由がよく理解できる。

インテルは、ベテランの中途採用よりも大学の新卒者を多く受け入れたが、これは、グローブのこのようなイノベーターとしての考え方が色濃く反映されている。つまり会社勤めの経験や他の企業文化に触れたことが、自由な発想で果敢に挑戦することの妨げになるというマイナスの要素を重視したためであった。

シリコンバレーのベンチャースピリットには、こうしたグローブの経営哲学を色濃く反映されており、この地域から数多くの優れたハイテク企業が生まれる素地を、彼が築き上げたといっても過言ではない。

インテルも、IT業界という、ただでさえ変化の激しい環境で、自らが作り出したものも含めて、数多くのパラダイムシフトを乗り越えてきた結果として今日の繁栄がある。

その中には、創業当時からの競合会社との激しい戦い、伏兵的な日本の半導体企業の台頭、大型コンピューターの時代からパーソナルコンピュータへのシフト、ビジネスユースから個人への市場の拡大、インターネットの急速な普及など、現在は当たり前となったことでも、それぞれの変革のタイミングでは予想を上回る変化が次々と起こり、同社に襲いかかった。

## パラノイア的思考とは？

グローブ自身、自らの判断が裏目に出て失敗することはあったが、それでも、変化が起こってからの対応では遅きに失するとを肝に命じていた。そうならないためには、日頃から注意深く世間と業界の流れを見つめて、新たな動きの兆《きざ》しを感じ取り、常に、「もしこういう事が起きたら、こうすべきだ」という策をいくつも考えておき、速やかに対応できる体制を確立することが重要となる。これがすなわち、第3章でも触れたグローブ本人も認めるところのパラノイア的な思考だ。

筆者はすでに前章で、パラノイアを懐疑と同義なものとしてとらえたが、懐疑と思索は対のような関係にあり、そこから新たな創造が生み出されるとも述べた。また、思索には懐疑する力が不可欠であるが、懐疑自体は習慣にもなるし、形としての強さをもつものである。理論家が懐疑的であり、実践家は独断的だともいわれる。しかし、「理論なき実践は危うい、実践なき理論は虚しい」とよくいわれるように、事業をなすうえで、懐疑と独断は両輪のような関係で補完しあう。グローブは懐疑する力を基礎に、素晴らしい決断力で実践を進めながら、懐疑の積み重ねで築き上げた理論を検証していったと思われる。

グーロブの著書でも、変化の予兆を感じ取って、どのように対処すべきかという点に触れた箇所は多く、それをいかに迅速かつ効率的に行なうかが、彼の経営の主軸をなすテーマであったとさえいえるだろう。

将棋の世界では、優れた棋士が瞬時に何十手も先を読み、最も有望と思われる一手を打つことを繰り返す。それと同じことをビジネスの世界でやり続けたのがグローブだ。しかも、将棋の世界では相手に取られた駒が、後から牙を向いて自分に襲いかかってくる。これはビジネスの世界でも全く同様で、そっくりといえる。

すべてを予測できるわけではない勝負の世界では、名人でさえ意外なところでつまずきもする。それでも、後手に回って防戦のみを強いられるくらいなら、通算の勝率を高いレベルで維持するという覚悟を持ってリスクを取るべきではないか。その結果としての失敗は、責めるべきではない。それが、ビジネスリーダーを目指すすべての者への心構えだと、グローブは説いている。

# 情報操作を許さない！

ただし、根拠のないリスクは単なる無謀に過ぎず、看過すべきではない。そして、失敗を失敗として放置してしまっては、ただの無駄になる。

そこで、グローブは、会議の席上でも一対一の会話でも、「なぜ？」という質問を連発した。そのようにして問い詰めることで、相手の覚悟を確かめ、自分に対して返される情報の正当性を見極めたのである。

この、時として相手に挑みかかるような姿勢は、故スティーブ・ジョブズとも共通する、アグレッシブな現場掌握術ともいえるようなものであった。

組織内では担当者レベルの意識的・無意識的な情報操作が、往々にして起こりがちだ。「情報操作」という言葉が強すぎるなら、「データの都合の良い解釈や装飾」と言い換えてもよい。

たとえば、企画を立案し、会議にはかって通したいという場合などに、担当者が自分のアイデアに思い入れを持ち、その気持ちが企画のベースとなっている事象や情報の解釈に影響を与えてしまうようなことが、これに該当する。

自らのアイデアに自信を持ち、熱意を持って説得に当たるのは、むしろ推奨されるべきだが、その根拠となっている事柄が不確かであるなら、そこから得られる結論も御都合主義的なものとなってしまう。

こうした情報操作は、企画やアイデアを上司に納得させる上では有効かもしれないが、本当の企業戦略には結びつかない。事実に基づいて半歩先を読み、顧客をないがしろにしないことはもちろん、逆に顧客から見放されないための客観性を保つことが必要だ。

一方で、マネージャクラスの人間は、そうした企画やアイデアの中の事実と意見、分析結果と感情的な結論を見分けて、重要なエッセンスのみを残し、それに従って判断を下す必要がある。

いかに優れたリーダーであっても、人間である以上、全知全能ではないことは誰もが知っている。それを隠そうとすれば、かえって何かの折にほころびが出て、周囲からの信用を失いかねない。

功成り遂げてのちのグローブは、自分が培《つちか》ったマネジメント術などの知識を書籍を通じて他者に教えることにも熱心だったが、それ以前から、自らが知らないことは同僚にでも部下にでも、他の専門家に訊《き》けばよいというスタンスで「なぜ?」と質問し、必要とあらば、どこまでも相手に食い下がった。

一方で、会議や自分に対する提案や意見は、それが客観的な事実に立脚するものか、それとも我田引水《がでんいんすい》的な論拠なども含めた主観的な不実に基づくものなのかを知るために、やはり「なぜ?」と質問した。

実はグローブは、パラノイアであると同時にオプティミスト(楽観主義者)でもあり、単なる優れた製品を超えて偉大な製品やサービスを作るためには、オプティミストでなければプランを実行に移せないと考えていた。

なぜなら、先行きや見通しが明るいというニュースを聞けば、誰でも積極的に動けるが、悪いニュースばかり耳にすると、どうしても打つ手が消極的となる。ところが、まだ明確には顕在化していない変化に対応した偉大なものを作り上げるには、世の中が不可能と決めつけるようなことに挑戦をしていかなければならない。そこに、オプティミストである必然性が生じる。

だが、それは、根拠のない楽観主義ではない。自分が納得できるまで事実や裏付けのある情報を積み上げて、その上で楽観的になれということなのである。だからこそ、「なぜ?」によって突き詰めていくプロセスが重要となり、そこをないがしろにはできなかった。思いだけが先走り、それを支えるための自己に都合のよいデータだけを集めるのでは本末転倒であって、根拠の不十分な危ういプロジェクトが生まれる。

## ペプシ・パラドックスの罠《わな》

他社のケースだが、思い込みの改革が結果として顧客を裏切ってしまった有名な例としては、コカ・コーラの「ニューコーク」が知られている。1985年に同社は、ライバルメーカーのペプシの追撃を恐れ、味を変えることで突き放そうとして失敗した。

このときコカ・コーラは、事前にフォーカスグループを対象とする、新たな味の好き嫌いに関する調査を行なっていた。その結果、ほとんどの被験者が好意的な反応を示したために、味の変更に踏み切った。

ところが、いざ支持されたはずの味を持つ新商品「ニューコーク」に切り替えたところ、消費者の猛反発を受け、40万件を超える苦情が寄せられて売り上げは低迷。3ヶ月も経たないうちに、元の味に戻さざるを得なくなってしまう。コカ・コーラは、伝統的な味に対する消費者の強い愛着心を見落としていたのである。

余談だが、当時は現在のようなインターネットは存在せず、苦情を訴える方法が電話と手紙に限られていた。今ならば、メールやSNSなどを通じて、さらに大規模な抗議活動に発展した可能性が高い。

いずれにしても、後から考えれば、この「事件」は、三つの要因が重なって起こったといえる。

まず、1点目は、ペプシの追い上げに対して、味を変更することによって振り切ろうとした判断は正しかったのか？

2点目は、フォーカスグループという調査対象が適切だったのか？

そして、3点目は、その調査プロセスにおいて、事実から目を背けて、担当者の都合の良いデータで分析が行なわれなかったか？　という点である。

まず、1点目について、確かに、ペプシは、1975年から「ペプシ・チャレンジ」と称したキャンペーンを通じて、街頭などで通行人にコーラの飲み比べをさせ、実際に多くの人がペプシ・コーラを選んだことから、これをベースに広告展開を行ない、売り上げを伸ばしていた。

ところが、別の調査では、コカ・コーラとペプシ・コーラのどちらを選ぶか、ブランド名を出して選択させると、圧倒的多数でコカ・コーラに軍配が上がったのである。

味ではペプシコーラを選ぶが、ブランドではコカ・コーラを選択するという奇妙な現象は、「ペプシ・パラドクス（ペプシの逆説）」とも呼ばれ、ブランドという概念の持つ強さと不思議さを浮き彫りにした。

そもそもペプシ側は、ペプシ・チャレンジを始める前に、調査を通じて「コーラは味覚よりブランドで選ばれる」という傾向を掴んでおり、それを逆手にとって挑戦的なキャンペーンを行なう決断をした。したがって、本来あるべきコカ・コーラの対抗策は、味の変更ではなく、ブランド力を一層訴求するマーケティングだったといえる。

グローブも、インテルが基本的にメモリメーカーだった頃には、学究肌の人物として、製品がすべてという考え方を持っていた。Ｂ２Ｂの世界では、それが当たり前のことで、しかも、味のような主観性の強い基準ではなく、性能と価格という非常にわかりやすい客観性のある尺度で価値が決まるからである。

ところが、コアビジネスをマイクロプロセッサに転換した頃から、（特に新型チップへの移行時に）コンシューマーの選択がコンピュータメーカーの判断について、間接的だが大きな影響を与えると考えるようになった。そのため、一般消費者向けのマーケティングを強化し、ときには、一つ前の世代のプロセッサを自ら否定する広告まで打って、新世代製品への期待感と需要を高めることも厭《いと》わなかった。

## 成功主義の危うさ

そのグローブでさえ、モトローラに追い上げられたときには、コカコーラが味を変えてしまったように、焦りからそれまでのCISCアーキテクチャとは異なるRISCのマイクロプロセッサ（第3章でふれた「アイテニアム」）の開発を命じ、失敗を喫した。

実際には、その一つ前にも、ゴードン・ムーアが当時の技術水準を上回る仕様要求を出して辛酸を舐《な》めたCISCプロセッサ、iAPX432（インテルの社史からも消されている黒歴史的チップ）があり、グローブは、そのときのトラウマからRISCに移行しなくてはビジネスに多大な影響が出るという危機感と焦りに苛《さいな》まれていたと思われる。

このときのグローブは、成功を冒険の見地からみていたのではないだろうか。成功を冒険の見地からとらえるか、冒険を成功の見地からとらえるかは、天地ほどの差がある。このときのグローブが、成功するために冒険しなければという脅迫観念に囚《とら》われていたことは容易に想像がつく。成功主義者の陥穽《かんせい》にすっかりはまってしまっていた。三木は俗物中の俗物である成功主義者は、「生きることがそもそも冒険であるとい形而上学的真理を如《い》何《か》なる場合にも理解することのない人間である。想像力の欠乏がこの努力家型を特徴付けている。」という。ここに、企業経営に対する大いなる教訓が秘められているように思える。つまり、この想像力の欠乏ということについて、経営者自身にその認識がないということが、その企業にとって最大のリスクである。経営者はこのことに早く気が付かなければならない。起業を志す、学歴、偏差値とも申し分のない技術系大学出身のエリートが、陥り易い罠《わな》がこれであろう。

このグローブの二度の大失敗にも関わらず、会社が傾くことはなかったのは、ひとえに、従来型チップの８０８６がもたらした莫大な資金のおかげであり、だからこそ安心してリスクを冒すこともできたのだが、さすがに三度目の過ちは許されない（そうなれば、グローブ自身も自らのことを許さなかっただろう）。

ところが、iAPX 432とアイテニアムの失敗に屈することなく、その経験の上に起死回生の妙手を打ち出したところに、グローブの非凡さがあった。CISCの主力製品であるx86系プロセッサの設計にRISCの特徴を大幅に採り入れて、性能、コスト、量産性のバランスを取り、業界におけるインテルのポジションを改めて確固たるものにしたのだ。

すなわち本質を理解し、真に必要とされているものを創るということの重要性を理解したことが、成功に結び付いた。

コーラでいえば、さしづめ、旧来のコカ・コーラとペプシコーラの特徴を併せ持つ新製品を開発した上で、コカ・コーラのブランド力によって市場を押さえたというところだろうか。

スティーブ・ジョブズがペプシコーラの社長だったジョン・スカリーをアップルの社長に引き抜く際に、コーラを「砂糖水」と表現し、「一生、砂糖水を売り続けるのか、それとも、自分と一緒に世界を変えるか、どちらを採るか?」と迫ったエピソードは有名だ。

たとえば、エナジードリンクのレッドブルは、いうなれば「砂糖水+カフェイン」だが、同社のCEOは、味がどうのと細かいことには触れず、「すべてはマーケティングである」と公言して憚らない。プロモーションに活用しているあの過激なエクストリームスポーツでも、単なるスポンサードではなく、自ら主宰して完全にコントロールする手法を採り、そこから派生した番組まで自ら制作して配信する徹底ぶりだ。その割り切り方は潔く、見ていて清々しいほどだ。

実はペプシコーラも、コカ・コーラより大容量の商品を同価格で販売したり、自販機を利用した販売で業績を伸ばしたり、ソビエト連邦政府と独占契約を結んで、同国で正規に販売される最初のアメリカ製品となるなど、チャレンジ精神に溢《あふ》れたビジネスを展開してきた過去がある。

コカ・コーラは、砂糖水なら砂糖水らしく、イメージ戦略に徹したほうが、ペプシの挑戦を退けられたはずなのだ。要は、製品分野と販売ターゲットによって物の売り方は違っており、その見極めが重要なのはもちろんだが、もし製品の位置付けや購買層の意識が変われば、その変化にいち早く対応しなければ生き残れないということである。

反対に、購買層の意識に変化がないのに製品の在り方を変えてしまうと、（本当はブランド力で売れていた部分が大きかったにもかかわらず、味で勝負しようとしたコカ・コーラのように）市場の反発を招いてしまう。

## 結論が先にありきの調査

製品の本質を見誤る要因として調査のあり方にも問題があった。つまり、コカコーラが行なったフォーカスグループを対象とした調査は一見有効そうに思えるのだが、被験者を一箇所に集めて意見を聞くような場合には、他の被験者の回答の影響を受ける人が結構多いという事実が忘れられがちになる。

さらに、都合の良いデータ収集については、実のところ被験者グループの中でも味を変えるべきではないという意見があり、それを聞いて考え直す人も多かったにもかかわらず、担当者はその部分を無視して結果をまとめたことが後に明らかとなった。担当者自身が味を変えなくてはという強い危機感を持っていたのか、それとも上層部の空気を感じ取って忖度《そんたく》したのかは不明だが、本来の結果がそのまま伝わらなかったことは確かである。

このような失敗の事例から、我々は、成功主義の罠《わな》に陥《おちい》ることのリスクをいち早く理解して、事業全体を俯瞰《ふかん》できる想像力を身に付けることが、真のリーダーに求められている大きな要件の一つであることを、理解できるのではないだろうか。

# 上下に隔たりのない風通しのよい組織

グローブの懐疑する習慣から発せられる「なぜ?」は、必ずしも組織の上層から下層に向けての一方的なものではなかった。自分に確信があって相手が間違っている、あるいは言っていることがよく理解できないという場合には、役職とは関係なしに質問や意見をぶつけるというのが、グローブの考えであり、インテルの社風だったからだ。すべての社員が会社に貢献できることこそ、組織の停滞を防ぎ、ビジネスを活性化し、企業の寿命を延ばすために不可欠の要素だとグローブは考えていた。

通常のアメリカの大企業では、役職が上がるにつれてオフィスでの占有面積が広くなり、さらには個室が与えられるようになる。一般社員でも、キュービクル(衝立《ついたて》に囲まれた区画)が与えられることが普通だったりする。

しかし、グローブは、組織の風通しを良くして自由なコミュニケーションを可能とするためには、どのような役職の人間であれ、個室のような空間として隔絶された環境で仕事をするのは避けるべきだと思っていた。もちろん、開発部門などの高度なセキュリティが求められる部署は別だが、重役も含むその他の社員は、日本企業でいうところの大部屋のようなスペースに仕切りを設けて仕事をするのがグローブ流のオフィスだった。

そこで生まれるのは、専門知識を持つ人間と様々な権限を持つ人間との、有形無形の結びつきだ。それこそが、組織の硬直化を防いでビジネスを存続させる唯一の方法だという考えが根幹に息づいていた。

## カーネギーメロン大学の実験

グローブが行なったわけではないが、こんな実験がカーネギーメロン大学の経営学部で実施された。細部が異なる二つ一組の画像を複数見せて、違いを指摘するのだが、ポイントは正答率そのものではなかった。被験者ごとに条件を変え、他の被験者の正答率を予想させたのである。

すると、事前に何の情報も与えられなかった被験者の正答率の平均値は約20％だった。

そして、やや自分の能力を低く見積もったのか、同じように情報のない他の被験者の正答率は30％程度であろうという回答が多く見られた。

一方で、事前に正解を与えられた被験者が、情報を与えられていない被験者の正答率として予想した回答の平均値は、驚くことに58％という高い数字になった。

つまり、人は自分に知識がある問題の難易度を低く考える傾向にあり、「自分が知っているなら、他の人間にもわかるだろう」と思い込みやすい、という事実がはっきり示されたのだ。

よく「部下を信頼して任せる」という言葉を聞くが、そのこと自体は素晴らしいポリシーだとしても、部下もこのくらいは知っていて当然であり、判断がつくはず、と無条件に考えるのは危険だということが、このことからもわかる。

特に知識産業におけるマネージャは部下の優秀さを過信して、業務に関する教育的な訓練の必要性を無視しがちだ。そのためにミスが起こって顧客に不利益が及ぶことをグローブは忌み嫌った。したがって、部下に対してそのような訓練を行うことは上司に課せられた仕事の一部であるとまで考えていた。

反対に、専門知識のある部下が、上司にこの程度のことがわからないはずがないと思ってしまうことにも同じような問題がある。

だからこそ、グローブは、わかりきったようなことでも誰彼構わず質問を投げかけ、相手がどの程度の知識や思考の持ち主なのかを見極めて、どんな仕事であれば任せられるのか？　あるいは、自分が何か思い違いをしていないか？　といった点を絶えず確認していたともいえるわけだ。

# 建設的な対立のすすめ

大部屋中心の日本のオフィス環境は、物理的な面では、グローブ流のマネジメントを行なう上での理想に近いと捉えることもできる。だが、多くの日本企業の組織には、彼が推進した意思決定のプロセスを阻害する要因が、まだ強く残っている。それは、対立する意見を、どれだけ上下関係、私的な感情、個人の人格的な部分と切り離して交換し合うことができるかという点だ。

グローブは、会議の席上などで互いに平等な立場で意見を出し合って議論することを推奨し、そこで正反対の考え方が出てきて喧嘩腰となっても、それを「建設的対立(Constructive Confrontation)」と呼び、真の問題解決につながるものとして大いに鼓舞した。

実際には、グローブ自身が建設的対立の権化のような存在で、机を拳で叩きながら「君の考えは正しくない！」などと語気を荒めるのは日常茶飯事だった。現場では、罵《ののし》るような激しい言葉も多用しており、彼の後にCEOとなったポール・オッテリーニなどは、現役時代のグローブの様子をテレビ番組の取材で語る際に「テレビなので、（彼が言葉そのままではなく）差し障りのない言い方に変えて話しますが…」とわざわざ注釈を付けたほどだ。

日本的な言い回しでは、「腹を割って話をする」に近い感覚かもしれないが、いずれにしても大切なのは、対立はあくまでも、討議すべきテーマに関してのみ、かつ、議論を戦わせる場においてのみに留め、それ以外では、通常の人間同士としての関係に戻るという点である。議論を引きずり、いわゆる「根に持つ」ような状態になっては逆効果だからだ。

たとえば、先にも触れたようにグローブは、ムーアのことは技術者として師と仰ぎ、尊敬していたが、ノイスに関しては経営者としての能力を疑い、その優柔不断さを批判していた。ところが、プライベートではノイスと家族ぐるみの付き合いがあり、一緒にリゾート地に行くことすらあった。

グローブは、マネージャクラスの人間は部下と個人的な友人になれるか？という問いについて、友人に対して厳正な評価を下すことに躊躇せず、それでストレスを溜めることがないなら、そうすれば良いという立場だった。ノイスの場合には、グローブのほうが部下的な立場だったが、同じ考えの下に接していたと捉えれば辻褄《つじつま》の合うエピソードだといえよう。

日本に限らず多くの組織では、対立が発生したり、プロジェクトが失敗した際の犯人探しにおいて、「坊主憎けりゃ袈裟《けさ》まで憎い」的な状態が往往にして発生するが、それでは百害あって一利なしだ。

部下の失敗を咎《とが》めないことと併せて、グローブは「罪を憎んで人を憎まず」的な人間関係をインテル内に構築することが、企業の結束力を高め、永続的に発展していくために欠かせないと信じていたのである。

## 媚《こ》びる人間を排す

グローブが、媚びる人間を排除したということは、すでに紹介した。そして、これは彼の最大の美徳であることも述べた。このことは、上記の「罪を憎んで人を憎まず」という姿勢とともに共通した美徳である。三木清は嫉妬《しっと》について、次のように論じている。「もし、私に人間の性の善であることを疑わせるものがあるとしたら、それは人間の心における嫉妬の存在である。嫉妬こそベーコンがいったように悪魔に最もふさわしい属性である。なぜなら嫉妬は狡猾に闇の中で、善いものを害することに向かって働くのが一般であるから。」「嫉妬はつねに多忙である。嫉妬の如く多忙で、しかも不生産的な情念の存在を私は知らない。」「功名心や競争心はしばしば嫉妬と間違えられる。しかし両者の差異は明瞭である。先ず功名心や競争心は公共的な場所を知っているのに反し、嫉妬はそれを知らない。嫉妬はすべての公事を私事と解して考える。嫉妬が功名心や競争心に転化されることは、その逆の場合よりも遥かに困難である。」

グローブには功名心や名誉心はあったが、嫉妬心とはほど遠い人であったろうことは、彼が媚びやへつらいを嫌ったという事実からも、明らかでないだろうか。

そんなグローブは、社内の会議でも、あるいは他社の幹部との打ち合わせであっても、本筋と離れた余計な話をされることを極端に嫌った。相手は、挨拶のつもりで差し障りのない話題から入ったり、取引先であれば、まず自社の歴史や実績を伝えて信頼感を得ようとする。しかし、グローブは、それを完全な時間の無駄と捉え、そんな会議や打ち合わせならしないほうがマシと考えていた。

その根底には、そうした儀礼的なやり取りはまったく非建設的であり、自分も相手も仕事の時間を無駄するべきではないという思いがあった。また、事前の調査や報告などを通じて会うことに価値があると踏んだからこそ会合に臨むのであって、それ以上の信頼云々に関しては、その場での質問などのやりとりを通じて看破《かんぱ》する自信もあっただろう。

そもそも、イベントでも他社との会議でも、彼はどちらが主体なのかを最初から決めていた（それは、無論、自分でありインテルだ）。日本におけるセミナーでも、電通在職時の筆者（加茂）が企画した内容を、一夜にしてひっくり返している。

## 名誉心からの怒り

それは1991年の暮れのことだったが、NEC、富士通、IBM、東芝といった国内の有力PCメーカーの責任者を集めて、グローブが直前のコムデックスで行なったスピーチを再演し、その後にパネルディスカッションを行なうという流れで企画は進んでいた。すると、前夜のグローブに対するブリーフィングで、筆者（加茂）が壇上に上がる段取りを説明中に、彼は顔を真っ赤にして怒り出し、鷲掴《わしづか》みにした企画書を振り回しながらこう言ったのである。「順番が違う！」

日本的な考えでは、国内のPCメーカーはインテルにとってのクライアントで上得意の顧客たちだ。そこで、忙しい中で集まっていただいたメーカーの責任者がまず登壇し、最後にグローブを迎えるというのが、当初の演出案だった。ところが、グローブとしては、インテルはPCメーカーの下請けではなく、PCの頭脳を作り上げてきたことから、むしろ、上に立つ存在だと考えていたのである。

そのため、まず、自分が最初にステージに上がり、その後から登壇するPCメーカーの責任者を一人一人自ら紹介するようにしたいと主張し、さらに筆者（加茂）に一言断ってから、その場で企画書を破ってゴミ箱に投げ捨て、翌日の朝までに企画書を書き直し、PCメーカーを説得することを命じたのである。

ちなみに、関係者の尽力によって、当日はグローブの指示通りにセミナーを行なうことができたのだが、彼は、真剣に怒ることによって、インテルがPCメーカーの先頭に立って業界をリードするのだ、という明確な意志を居合わせた社員や関係者に伝えたのだ。

それにしても、驚かされるのは、当時のインテルはまだ業界的には小さな存在であり、一方の日本のＰＣメーカーの力は世界的に見ても強かったため、普通のＣＥＯならば、最初の企画書を甘んじて受け入れていても不思議ではない状況だったという点だ。

しかし、リーダーとしてインテルの将来を考えたとき、ここで譲歩しては、いつまでも格下に見られるという懸念がグローブにはあったものと思われる。そのため、あえて明確に意志を伝える必要を感じ、顔を真っ赤にして真剣に怒るという態度が、彼を偉大な存在へと押し上げていったのである。

ただし、勘違いしてはいけないのは、グローブが企画書を破り捨てて暴言を吐いたからといって、人格を否定したわけではないという点だ。あくまでも否定は意見に対してのものであって、相手には挽回《ばんかい》のチャンスが十分に与えられる。結果的に、インテルの社員はグローブに再チャレンジすることによって、さらに優れた企画やプロジェクトを提案し、それを推進していくことができた。

まさに、インテルにおける対立は、建設的な成果をもたらしたのである。そしてグローブの怒りは名誉心から出たもので、けして嫉妬心からのものではないことは、このことからも明らかであろう。

# 無能な管理職はなぜ生まれるのか？

## ピーターの法則

それではグローブは、管理職の資質についてどのように考えていたのであろうか。実は「ピーターの法則」を引き合いに出して、「現在の能力を評価するのではなく、将来性や楽観性を備えた人物が、次の段階の管理能力を学習したと認められた時点で選ばれるのが自然の摂理である。」と日頃よく説いていた。

南カリフォルニア大学の教授で教育学者でもあるローレンス・J・ピーターが提唱したピーターの法則は、組織に関する経験則であり、「管理職は、常に現在のポジションに対する能力を評価されて昇進するため、無能化したところで昇進が止まる」というものだ。

そのため、組織の各階層の長は、無能な人材で占められてしまう。また、今の役職でどんなに優秀だとしても、そのことを以て、より上のポジションで活躍できるかどうかは未知数となる。

つまり、成果主義の弊害を指摘したものと言える。成果主義のみで昇進させるシステムがある限り、ある一定の水準に達すると努力をしなくなる無能な上司や管理職も量産され続けることになる。

グローブも専門は化学で、インテル入社時に経営の知識はなかったわけだが、持ち前の処理能力の高さや物事を完遂する意志の強さ、そして何より臨機応変な対応能力は、ノイスとムーアもよく知るところだった。その彼が、努力して管理能力も学習したのであり、CEOとなってからその能力を十二分に発揮することができたのは、ある意味では自明的なことだったというべきかもしれない。

上司の仕事の重要な部分が、部下に対する訓練や教育にあると考えていたのも、ピーターの法則を念頭に置いてのことであり、上に立つ人間は学び続けることが必要と考えていたのだ。

## 実証する精神

それと同時に人間は一つのところに踏み止まってはいけない。常に創造をして進化していく必要があるということを、グローブは身をもって実証していたといえよう。

グローブが幼少期から青年期（移民）を無国籍でデラシネ（根無し草）のような生活を送ったことはすでに第1章で紹介したが、このことは、人格形成に大きな影響を与えたであろう。おそらく、彼はその過酷な日々のなかにおいてでもどこかでその現状を客観的に眺めることができる、そのような気質を身に付けていたものと思われる。つまり、人生はフィクショナルなものであるという人生観である。

三木清は虚栄を次のように論じている。「虚栄は人間的自然における最も普遍的な且つ最も固有な性質である。虚栄は人間の存在そのものである。人間は虚栄によって生きている。虚栄はあらゆる人間的なもののうち最も人間的なものである。虚栄によって生きる人間の生活は実体のないものである。言い換えると、人間の生活はフィクショナルなものである。」「人間が虚栄的であるということは人間が社会的であることを示している。つまり社会もフィクションの上に成立している。従って社会においては信用がすべてである。」

「いかにして虚栄をなくすることができるか。虚無に帰することによって。それとも虚無の実存性を証明することによって。言い換えると、創造によって。創造的な生活のみが虚栄を知らない。創造というのはフィクションを作ることである、フィクションの実存性を証明することである。」

グローブがいかに信用というものを大事に考えていたか。また、自伝を好んで執筆したが、彼にとって、自伝を書くことは、まさに自己の実存性を証明する作業そのものであったことであろう。

# 第5章

# 多様性の尊重と全員参加の精神：日本発「インテル入ってる」

# インテルを世界に知らしめた日本発のブランド戦略

インテルは、現在、押しも押されぬ世界最大の半導体メーカーとなっている。その成功は、もちろんボブ・ノイスやゴードン・ムーアの先見の明、そしてグローブのパラノイア的な経営手腕がなければ、なしえなかったものだが、もう一つ忘れてはならないことがある。それは、日本という国の貢献だ。

インテルの飛躍には、その節目節目に日本が大きな係わりをもっていた。その中には、公になっているものもあれば、そうでないものも存在する。

## 歴史は勝者によって書かれる

たとえば、インテルの初期の顧客のなかには、先取性のある日本企業が多く名を連ねていた。また、インテルのグローバル・ブランディングを大きく発展させた「Intel Inside®」*のスローガンは、元々、日本発のメッセージだったという事実はあまり知られていない。

＊「Intel Inside®」は、アメリカ合衆国およびその他の国における商標または登録商標です。

その大きな理由として、アメリカの企業に多く見られる傾向だが、多国籍や多民族の従業員によって作り出される多様性を尊重しつつも、手柄は常に本国の主流チームものにしておきたいという気持ちがどこかにあるということがあげられる。したがって、どんなに業績に貢献した過去があっても、ライバル企業に転職した人間の功績が社史から抹消されたりすることもよくある話だ。またどんなにエポックメーキングな出来事であっても、他国が果たした役割が大きい場合には、そのことに関する博物館での展示が一切ないということさえ起こりうる。

「歴史は常に勝者によって書かれる」という言葉があるが、企業においても、それは真実なのだ。

この章では、インテルに関して明るみになっている日本の貢献にも触れながら、筆者（加茂）の経験をもとに、知られざる事実を明らかにしていきたい。

## シリコンバレーの萌芽《ほうが》

改めてインテルの歴史を振り返ると、その創業は1968年。現在も、シリコンバレーの中核的な場所の一つである、米国カリフォルニア州サンタクララ市に本社を構え、2015年時点での売上高が554億ドル（日本円で約6兆円）、純利益は114億ドル（同約1兆3千億円）の半導体事業を主としたIT企業である。

ペンティアムプロセッサの発売と前後する1992年から現在に至るまで、世界第1位の半導体メーカーとして君臨し続けている。

その本拠地がある地域が「シリコンバレー」と呼ばれるようになったのも、まさに同社のビジネスに欠かせない半導体の原料が「シリコン」であったためである。ちなみに、日本では混同した表記が目立つが、シリコン（Silicon）はケイ素を指し、柔軟性があって熱に強いケイ素樹脂のシリコーン（Silicone）とは区別される。シリコンバレーは、あくまでも「ケイ素の谷」であり、そうでなくてはインテルへとつながる関係性を説明できない。

また、シリコンバレーからは、現在も数多くの優れたベンチャー企業が輩出《はいしゅつ》されているが、これも、インテルが世界初のベンチャー企業として、まさにアメリカンドリームそのものの成功を勝ち取ったことや、リーダーとしてのグローブの影響力が大きかったためと考えられる。

ここで、グローブが役職を歴任した時代とインテルの売上の関係を示す図表を次ページに提示しておこう。

この図表からもわかるように、グローブがＣＯＯとなった１９７９年から、２００５年に会長を退くまでの四半世紀の間に、インテルの売上は19億ドルから３８８億ドルと20倍あまりも増加した。

この数字だけを見ても、グローブがインテルをＩＴ業界の中核となる企業へと押し上げたことがわかる。在職時には、アメリカ大統領でさえもグローブに助言を求め、彼の発言一つで株式市場や世界経済そのものが動くほどだった。

しかも、本業の傍らに書いた著書は、世界中のビジネスマンや起業家のバイブルになっているのだから、真のカリスマ経営者と呼ぶに相応《ふさわ》しい。

インテルという会社が歴史に名を残す存在となるには、キリスト教で「三位一体」を意味する「トリニティ」という言葉で称される、ノイス、ムーア、グローブの三人の誰ひと

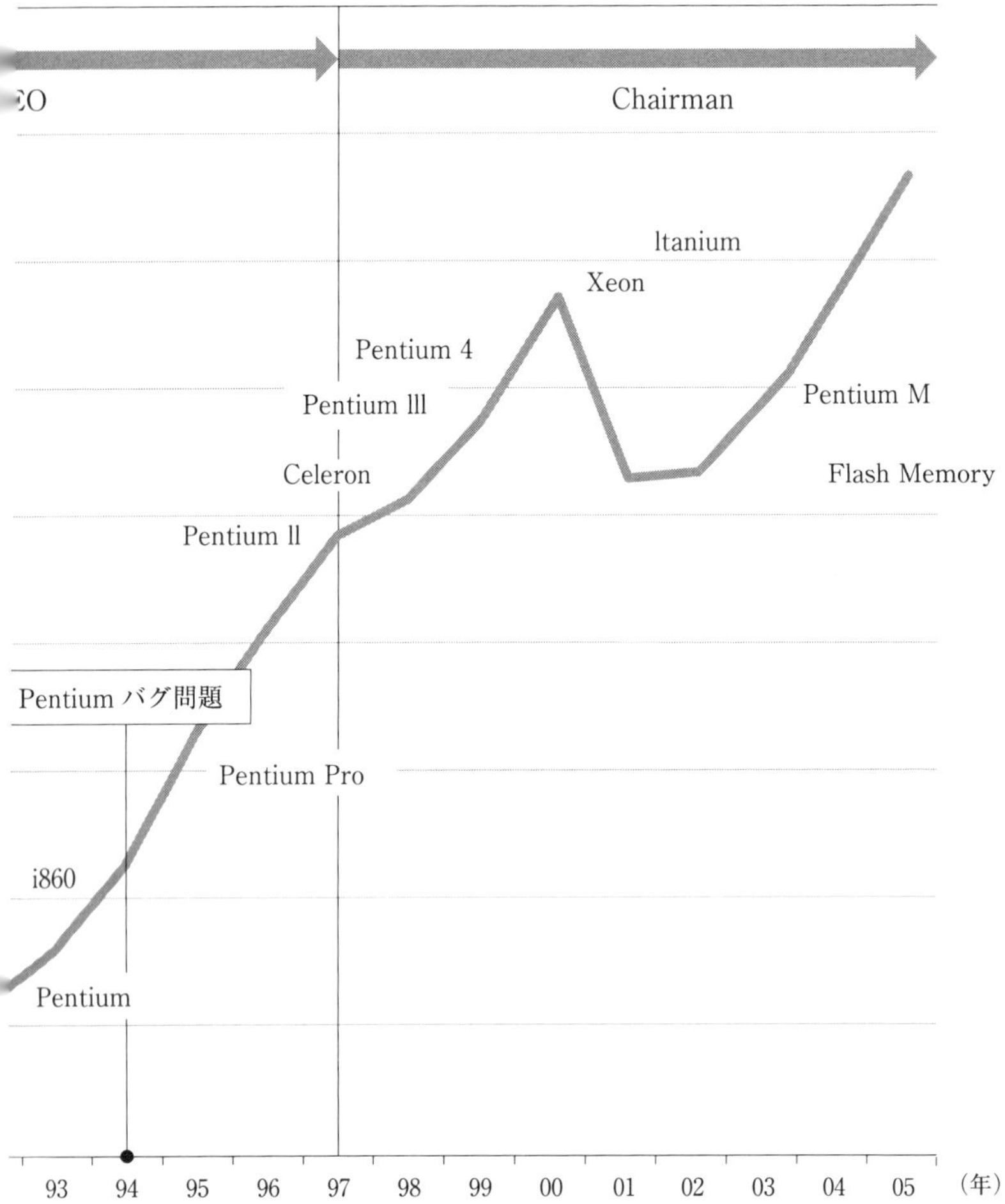

CO
Chairman
Itanium
Xeon
Pentium 4
Pentium III
Pentium M
Celeron
Flash Memory
Pentium II
Pentium バグ問題
Pentium Pro
i860
Pentium
93
94
95
96
97
98
99
00
01
02
03
04
05
（年）

## 図表　グローブ在任中のインテル社の売上推移

（単位：百万ドル）

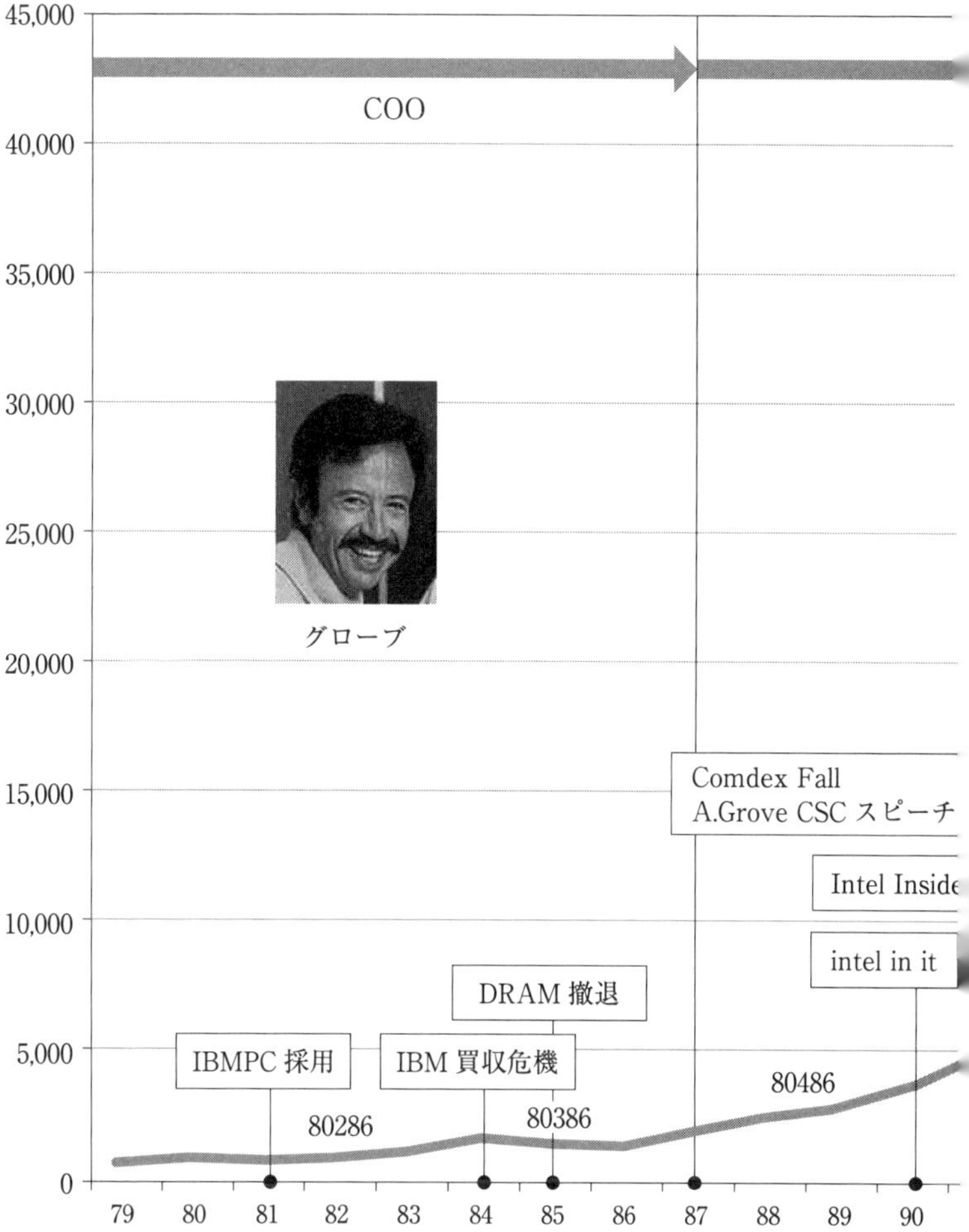


出所：インテル本社 HP の IR 情報を参考に筆者作成。

りとして欠けるわけにはいかなかった。しかし、あえて生みの親と育ての親に分けるならば、グローブこそが育ての親であり、ノイスとムーアだけでは、創業からしばらくの間、輝くことはできても、北極星のように長きに渡ってＩＴ業界の指標となりうる企業には成長しえなかったであろう。

# 日本を恐れ日本から学ぶ

意外に感じられるかもしれないが、インテルは独立した研究所やそれに類した組織や施設をもたない。グローブが、メモリからCPUへと中核事業を転換するという判断を自ら精鋭の開発チームに伝えに行った先は、彼らが詰めている工場であった。これは、同じハイテク分野の日本のメーカーではありえないことだ。

## 虚を排し実をとる

インテルの企業カルチャーでは、「研究のための研究はしない」というポリシーがあり、あくまでもビジネスに直結するリサーチと開発を中枢に近いところで行なうというのが、そのスタイルとなっている。

ただし、誤解してはいけないのは、インテルが研究開発を軽視しているわけではないという点だ。それどころか、全世界の論文を精査して社外から有望な技術を吸収することや、他企業と共同で研究開発を行なうことには積極的に取り組んでおり、多数の特許を出願・取得してきた（2017年の実績は、年間263件の特許出願公開と184件の特許取得であり、毎年平均して同程度の件数が記録されている）。

こうした実利主義的で、無駄なことはしないという姿勢は、グローブも徹底して実践した彼流のビジネスの極意だった。その背後にもパラノイア的な思考法があり、ともかくもインテルに対抗、もしくは追撃しようというライバルに隙《すき》を見せてはいけないという観点から、すべてを目の前の仕事とそれを発展させうるリソースに集中しようとする意図が見て取れる。

そんなグローブが、インテル入社以来、最大の危機と感じたのが、ここまでの章でも触れた日本企業によるメモリ市場への攻勢だった。

1980年代に入るまで、メモリ開発競争の主要なプレーヤーは、すべてアメリカの企業で占められていた。まず、インテルが先行したが、独自のアドレッシング方式によるコストダウンや、消費電力とチップサイズの点で有利なCMOS型ICの開発に成功したモステックにリードを許し、さらにICの基本特許の保有者であるテキサス・インスツルメンツが台頭するという具合で、競争は激化する一方だった。

それらのライバルを抑えて再びインテルが首位の座を勝ち取った頃に、逆・黒船のごとく日本企業が襲いかかってきたのである。その顛末は、第3章に詳述したが、その結果、グローブは苦渋の決断をし、インテルのビジネスの舵をマイク

ⓒ Intel Free Press

インテル初の製品で、世界の半導体メモリチップだったI-3101に関する記事を誇らしげに掲げる、若き日のグローブ。しかし、そのI-3101もすぐに別方式のI-1101に取って代わられるほど当時の開発競争は厳しく、そこに、シリコンバレーの同業者や日本のライバル企業が加わることで、状況はますます激化していった。

ロプロセッサ事業へと大きく切ることになった。

このとき、彼は日本という国の恐ろしさを身に染みて感じたはずだ。高品質で低価格、しかも大量生産をことなげに行なってみせる。しかも、グローブをして、その資金源が無尽蔵であるかのように感じさせたほど、潤沢な開発費や工場建設費を投入し、他国のメーカーを突き放してくる。彼は、日本の国策としての政府の援助や、輸出メーカーに有利な貸付制度などを疑ったが、すぐに事実は事実として受け止め、懸命に対処した。

ところが、当時の日本のメモリメーカーは、常にインテルらアメリカ勢よりも10％低い価格を提示し続け、それを勝つまで続ける覚悟で戦いに臨んでいた。実際に、その指示が書かれた日本企業の社内メモをグローブ自身も目にしたことがあったが、それは、まさに気が滅入る現実だった。

## 複眼思考からの学習

だが、そこで改めて自社の置かれた立場を客観的に見直し、既存のリソースをどのように活用すれば現状を打破できるのかを、現状の延長ではなく破壊的に思考できたことがグローブの強みであった。普段の会議のスタイルもそうだが、複数の視点から物事を考察し、最善の打開策を見い出せることが、彼の最良の持ち味といえたのである。

筆者は、グローブが行なったマイクロプロセッサ事業への舵取りには、かつて自ら反対した4004の案件が日本から持ち込まれたことも、少なからず影響したのではないかと推測する。つまり、早めにメモリ事業に見切りをつけ、マイクロプロセッサに集中して市場を押さえ、エコシステムとプラットフォームビジネスを確固たるものとしなければ、ほどなくして、今、インテルを苦しめている日本企業がマイクロプロセッサ市場をも牛耳るようになってしまうのではないかという不安感に苛《さいな》まれていたにちがいない。

彼は日本企業から学び、学んだことを徹底して実行に移していくことが、インテルを存続させ、ムーアの法則を実証し続けていくための最良の方法だと考えた。

# 日本と共にあったマイクロプロセッサの黎《れい》明《めい》期

日本のビジコンという会社が、後にインテルの命運を決することになるマイクロプロセッサ開発の最初の案件を１９６９年に持ち込んだことはすでに第３章で触れた。

この日本企業は、複数の企業から電卓のＯＥＭ開発と生産を受託していたが、当時は依頼元ごとに異なる仕様に合わせて、専用のＩＣチップを作る必要があった。だが、それでは手間もコストもかさむ上、ＩＣチップの製造委託をしている企業も難色を示す傾向が見られた。

これは機能に合わせてハード設計を変えることの弊害であり、この問題に対処するため、汎用的なチップを作って内蔵するプログラムの変更によって機能を変えられる、ソフトによるアプローチが考え出された。

こうした経緯から生まれたのが、世界初のマイクロプロセッサ４００４であり、契約にはビジコンとインテルが必要なチップセットを共同開発し、開発費用として10万ドルをビジコンが負担することで販売権を独占することが盛り込まれた。

ビジコン側は自社設計の論理回路と共に三人のエンジニアをインテルに送り込んだが、その中に、後にマイクロプロセッサの生みの親の一人として名を連ねる嶋　正利氏がいた。嶋氏は、インテル側のエンジニアであるテッド・ホフやフェデリコ・ファジンらと共に開発にあたり、4ビットマイクロプロセッサの４００４誕生に多大な貢献をした人物である。

４００４は１９７１年に完成されたが、二年後の73年に契約内容の見直しがあった。それは、ビジコンが独占販売権を放棄してインテルに自由販売を許可する見返りとして、４%のロイヤリティをその対価として得るというものであった。

４００４の発展形となる世界初の8ビットマイクロプロセッサの８００８も、日本の精工舎が土木計算用のワークステーションであるロジックボードを構築するためにインテルに発注したものだ。そのため、初期ロットはすべて精工舎向けのものであった。

８００８の後継チップである８０８６も、ビジコン退社後にリコーを経てインテルの社員となった前出の嶋氏が中心となって設計し、近代的なコンピュータの基礎を築いたチップとして歴史に名を留めた。

日本の産業用ロボットメーカーであるファナックが、世界で初めてこの16ビットの8086を導入し、この8086は機械工作における工具の移動量や移動速度などをコンピュータによって数値で制御するCNC回路に採用された。

さらに、1992年にインテルがスーパーコンピュータビジネスに参入した際にも、NTTや理化学研究所、JAXAなど11の日本企業や組織が購入し、日本が最大の得意先となった。残念ながら、このビジネスは短命に終わったが、一時は日本がインテルのスーパーコンピュータビジネスを支えたといっても過言ではない。

そのほか、組み込み用途でも日本のメーカーがインテル製のマイコンを採用した例が少なからずあり、日本とインテルはウィンウィンの関係で成長しあってきたのである。

# 成分ブランディングの効果

インテルの製品戦略上の大転換がメモリからマイクロプロセッサへの移行だとすれば、それに匹敵するブランドマーケティング上の画期的なマイルストーンは、全世界で展開された「Intel Inside®」キャンペーンだったといえる。

それまではコンピュータや電子機器の縁の下の力持ちとして、一般消費者には縁遠い存在だったインテル製プロセッサを一気に主役級の扱いとし、現代生活に欠かせない存在となっていることを印象付けたこのキャッチフレーズとキャンペーンは、次のようなポジティブなイメージを市場に定着させることに成功した。

すなわち、「PCはインテルのプロセッサが入っていれば高性能で安心」、あるいは「PCにはインテルのプロセッサが入っていて当然」というように、「インテル＝PC界の常識」であることを知らしめたのである。

このように、ある製品の中に含まれている部品や素材そのもので訴求するブランディング手法を「成分ブランディング」と呼ぶが、グローブは、それまで成分ブランディングとはまったく無縁だったコンピュータの世界で初めてこの手法を採り入れて成功させた経営者となった。

## 日本発のアイデア「インテル入ってる」

ところが、このIntel Inside®キャンペーンが実は日本発のアイデアだったことは、あまり知られていない。これも、先に触れたように、ある意味で抹殺されたインテル社史の一部だからだ。しかし、実際に当時のキャンペーンを支えた筆者（加茂）の証言により本当のストーリーが明らかとなった。

そのスタートは、1988年に遡《さかのぼ》る、マルチメディアPCというカテゴリーが話題になったその年に、電通と日本経済新聞社との共催で国際会議「マルチメディア・カンファレンス」を定期開催していくことが決まった。

その第1回の「マルチメディア'89」を翌1989年に催すにあたって、その主要メンバー企業を決めることになり、アップル、マイクロソフト、NEC、IBMなどパーソナルコンピュータ界の主要メーカーが運営委員会（コミッティ）を組織した。

このとき、理系出身で、「マルチメディア'89」の企画担当であり、IT業界の動向に明るい電通に在職していた筆者（加茂）が、マイクロプロセッサを作っているインテルの重要性を感じ、同社をコミッティのメンバーに加えることを提案した。だが、驚くことに当時は電通社内にも日本経済新聞社内にも、他に理系の人間がおらず、インテルという社名も浸透していなかったため、その提案は却下されそうになったのである。

そこで、筆者（加茂）は独自に、インテル日本法人の事業開発本部長であった唐澤豊氏にコンタクトをとり、コミッティへの参加を要請する。またコンピュータメーカーも、消費者向けのマルチメディアイベントに、なぜ半導体メーカーが参加するのかという否定的な雰囲気のなか、マイクロプロセッサの重要性と将来性を知る筆者（加茂）は、何とか周囲を説き伏せて、インテルをコミッティメンバーに加えたのだった。

その頃のインテルは、長年研究してきたDVI（デジタル・ビデオ・インタラクティブ）というCD-ROMベースのマルチメディア技術がタイミングよく完成し、プロモーションをかけて多方面に広めていきたいという意向を持っていた。このDVIの担当者が唐澤氏であったこともあり、インテルは、完成したばかりの幕張メッセで開かれたマルチメディア'89に、タイムリーにＤＶＩを出展することができ話題となった。

イベント自体も、日本がバブルの真っ只中にあったことも幸いし、マイクロソフトのビル・ゲイツや、アップルのフェロー（特別研究員）だったパーソナルコンピュータの思想上の父であるアラン・ケイまでが来日した。そして絶好調の日本企業が世界を動かすかのような勢いの中で、来場者も各国から訪れて、大成功を収めたのである。

その後、インテルはマイクロプロセッサの世代を８０２８６から８０３８６へと置き換えていく広告キャンペーンを日本でも行なうことになり、マルチメディア'89を通じて関係を築いた筆者（加茂）に協力を願い出た。そして、そのキャンペーンのターゲット層をどこに絞るかというディスカッションが始まった。

アメリカ本国では、それまでインテルと市場とのコミュニケーションはＢ２Ｂが基本となっていたが、現実のパーソナルコンピュータのユーザー層は企業以外にも広がっていた。その中でも最大のユーザー層は、いわゆるアーリーアダプターに属する先端的な消費者であり、英語では「Ｔｅｃｋｙ（テッキー）」、日本では「オタク」と呼ばれるようなパソコンマニアだった。

そこで筆者（加茂）が、この最上層に位置する消費者をターゲットにしたキャンペーンを展開することで、顧客を市場全体に波及させることができるのではないかという意見を出し、折からインテルの本社でも「Consumer Pull」、すなわち、いかにして消費者を引き込むかというテーマが浮上してきたこともあって、その方向性でいくことが決まった。

逆にインテル側からは、そのターゲット層に自社のマイクロプロセッサを搭載した製品を選んでもらえるような切り口を考えて欲しいという電通に対する依頼があり、その課題に対する答えを筆者（加茂）が考えることになる。

そして、パーソナルコンピュータにおけるマイクロプロセッサのように、外からは見えなくとも重要で優れた技術を誰もが理解できるようにアピールするよい方法を考えていくうちに、オーディオ分野のノイズ低減技術である「ドルビー」に思い至たり、Dolby マークと同じように印象に残るマークを作って様々な製品に貼り付けるというアイデアを思い付いた。

## 進取の精神とフィロソフィー

このアイデアをさっそくグローブに伝えると、それは面白いという反応があり、具体的にどういうものなのかを見せて欲しいということになった。良いと思えば、すぐに具体的な行動に移るグローブらしい素早さだ。

そこで、筆者（加茂）は、電通社内のクリエーティブチームと相談をし、日本語のキャッチフレーズを単刀直入に「インテル入ってる」と語呂合わせ的な韻を踏んで覚えられやすいものとし、それを英語的に直した「intel in it」の文字を手描き風の長円で囲んだデザインのマークにすることを考え出した。

このとき、来日予定のあったグローブに見せるために、PCだけでなくテレビや冷蔵庫、自動車などの様々な製品にこのマークを入れたイメージ写真を、社内のクリエーティブチームと協力して制作をしたのだが、これを目にしたグローブは「素晴らしいアイデアだ。これがやりたかったんだ」と絶賛してくれた。

実際、グローブはインテルの将来構想として、自社のマイクロプロセッサが、ありとあらゆる製品の頭脳になるというビジョンを持っていた。普段は、まず相手の意見の否定から入る彼が手放しで褒《ほ》めたのだから、グローブがいかにこの日本からの発想に感銘を受けたかが伝わってくる。

筆者（加茂）は、当時からグローブの人間としての器の大きさを感じていた。グローブは、懐疑する力を習慣としてもち、それを武器に常識を覆すような発想で発明やイノベーションを次々に起こし、現在のインテルの基礎を築いた中興の祖ともいえるアメリカを代表する経営者である。その彼が自分を卑下《ひげ》するようにも思えるような表現で、自己をパラノイアであると表現しているが、本当にその通りであると仮定すると、このエピソードは理解が困難になる。パラノイアというのは、表層的な特徴であって、グローブの本質は真理を探究する思想家であると観るのが正しいのではないか。ＣＥＯである彼が、自分に媚《こ》びる人を排除したということ、そして、それは彼のもつ最大の美徳であるであろうということは、すでに述べた。彼が終生求め続けてきたものは、多くの人が安全で安心して、豊かな生活を送れるにはどうしたら良いかということである、そのために、自分に何が出来るかということを終生追究し続けた求道者と言えよう。

# 「インテル入ってる」から「Intel Inside®」へ

こうして日本でのキャンペーンの骨子とマークのデザインが固まったが、問題は、どのようにして各メーカーのパーソナルコンピュータにキャンペーンマークを貼ってもらうかにあった。

このとき筆者（加茂）が着目したのは、パーソナルコンピュータのメーカーが、製品の拡販には宣伝が不可欠と知りつつも、広告費をできるだけ抑えたいと考えているということだった。そこで、もし「intel in it」のマークを貼った製品を広告に使ってもらえるなら、その広告スペースの大きさや露出頻度に応じて、広告費の一部をインテルが負担することを各メーカーに提案したところ、各メーカーは次々と採用し、それと共にインテルの知名度も急上昇していったのである。

一方、アメリカでも同様なキャンペーンがスタートしたが、そのテレビＣＭでは

「Computer Inside」というキャッチフレーズが使われていた。様々な製品が、実はコンピュータ（＝マイクロプロセッサ）で動いていることを消費者に認識してもらうことが目的だったと考えられるものの、ブランドメッセージとしてこれでは弱い。

日本における「intel in it」の広告実績がインテル本社に紹介されると、現地の広告会社が「Intel Inside®」のマークに改変して、それを使うようになった。デザインも、手描き風の長円が右回りか左回りかの違いはあったが、「intel in it」のマークと瓜二つだったにもかかわらず、日本側への承認や確認の問い合わせはなかった。

その結果、一時は、海外からの輸入販売されるPCには「Intel Inside®」のシール、国内メーカーが製造販売するPCには「intel in it」のシールが貼られ、ブランディングが混乱する一幕もあったが、これを耳にしたグローブは、自社のコンピュータ・ミュージアム内の展示において、「intel in it」がオリジナルであることを示すとの意思表示をした。

これを受けて、当初は「Intel Inside®」の歴史展示コーナーで「intel in it」が元になったことが示されていたが、グローブが亡くなると、日本の貢献に関する部分は割愛されてしまった。グローブが生きていれば、すべての社員を平等に扱い、聞くべき意見には耳を傾ける、その精神から、今も「intel in it」の展示をなくすことはなかったに違いないと思う。

事実、インテル主催で全世界の広告代理店を一堂に集め、各国それぞれの広告の活動や知見を交流し合って意思の統一を図ることを目的として1992年開かれたアドサミットという催しに参加した筆者（加茂）は、他国の広告代理店の人間から「Intel Inside®」の原点となった「intel in it」キャンペーンについての質問を多く受けた。そして、グローブ自身も「君たちのおかげだ」と握手をしながらねぎらってくれたのだ。

いずれにせよ、この「intel in it」から「Intel Inside®」に至るキャンペーンでピーク時に使われた費用は、全世界で年間400億円とも500億円ともいわれている。壮大なスケールのキャンペーンを素早く決断し、一気に費用をかけて実行したことも、実にグローブらしい英断であった。

## 完璧を目指すよりまず終らせる

「最大のリスクは、何もしないことである」という名言もあるが、変化の激しいビジネスの世界では、7割の準備ができていれば、とにかく動け、動きながら考えろ、半分程度の満足度でしか実現できなくても、その失敗は無駄にならない。経験から学習することの大切さは、多くの成功した経営者や学者が強調している。アメリカのフェイスブック社のモットーは、「完璧を目指すよりまず終わらせろ」だそうだが、五割の満足度から試行錯誤を重ねることで、別の次元の発見や発明に辿り着くということは、シリコンバレーの世界だけでなく、すべてのビジネスに共通していえることであろう。現状に満足して、リスクと思われることに全く挑戦せず、動かないということは、企業にとっては、座して死を待つようなものである。

グローブのもつパラノイア的気質は、彼の過酷な生い立ちから生まれたものだろうということはすでに述べた。しかし、そのような生い立ちにもかかわらず、彼は、その現状にうちひしがれることなく、常に変化を求めて努力することを怠らなかった。そして合理的精神と進取の精神を併せ持ち、それを習慣とし武器にして、小さな成功体験を重ねることで、最終的にインテルのCEOまで昇りつめた。

よく結果とプロセスとどちらが重要かという議論があるが、グローブには、強い目標(会社の業績を上げる)があり、それを成果として上げねばならないというCEOとしての使命があった。しかし、その目標はただ強く念じれば適うというものでなく、目標を達成するためには何をどのように進めていけば良いのか、論理的・合理的に考えることの必要性を真に理解していたと考えられる。そして、その一連のプロセスのなかで、彼の一つの個性ともいえた、まず否定からスタートするという懐疑する精神が、最初に50%の満足のものを、120%のものにまで引き上げるプロセスへと昇華していくのである。

コラム

# インテルの鬼門だった品質管理

## 品質管理の概念すらなかった初期のインテル

意外に思われるかもしれないが、初期のインテルには、日本的な基準に照らした場合に、品質管理という概念はなかった。

たとえば、当時、インテルジャパンにおいて半導体の製造・開発・品質管理等に従事され、マルチメディア市場開発事業部長やインテルプロダクト事業本部長を歴任された唐澤　豊氏によると、アメリカの本社では最低限の動作チェックのみで出荷検査らしきものも行なわれず、出来たものをそのまま送り出していたという。

そのため、日本に届いたチップをテストしてみると、10個のうち数個は動かないという状況で、そのままでは信用を落としてビジネスが立ち行かなくなる恐れがあった。

一般に不良品率は、ＰＰＭ（parts per million）とＤＰＭ（defects per million）という単位で表される。前者は、「100万個あたり何個不良品が含まれているか」を指し、後者は「100万個あたり何ケ所の不良が含まれているか」を意味している。

たとえば、この数字が数百ＤＰＭだとしても、日本では十分に多い、すなわち品質管理がなっていないと見なされる。それがインテルの場合、やや落ち着いてからも7万ＤＰＭは下らなかったというから、何をかいわんや、だ。

唐澤氏は、元々、インテルの代理店だった東京エレクトロンに勤務し、マイクロプロセッサを使ったシステム開発などに従事していた。しかし、会社移転の折に、ちょうど半導体そのものの開発に携わりたいと思っていたこともあって、インテルジャパンに転職。営業以外の仕事をすべて経験する中で、16ビットプロセッサ開発のために、家族とともにシリコンバレーで約8ヶ月を過ごした。

その際に、アメリカ社会を内側から体験するとともに、インテル本社の内情も知ることとなり、帰国後に本格的な品質管理のマニュアル作りに着手して、それまでの名ばかりのマニュアルを置き換えていった。

その意味では、インテルに真の品質管理を根付かせたのも、日本人の功績だったといえる。

　本来であれば、インテル本社はすべての基準を日本向けと同等にすべきだったが、それでは本国の担当者のやり方が悪い（実際にそうだったわけだが）とあからさまにいうようなものだ。そこで、ダブルスタンダード的に日本向け製品のみ検査を厳しくしていた時期もあった。

　唐澤氏にとって、納品先の日本企業のことを考えて設定した基準はしごく真っ当なものだったが、その徹底した主張が元となり、ついにはグローブも彼にナショナリストのレッテルを貼るほどになったというから、かなりの攻防があったことが伺える。

　しかし、そのおかげで唐澤氏は、日本の半導体メーカーが生産超過、インテルが生産不足となったときに、不足分を日本企業が請け負う交渉を任され、NEC以外はすべて足を運んで、業界の巨人たちに出会うことができたのである。

　また、あるチップ製造をめぐって、米本社がそんなことは簡単だというので任せてみると案の定うまくゆかず、結局、日本で製造することになった一件があり、それ以来、唐澤氏とインテルジャパンの意向が、よく通るようになったとのことである。

　こうした品質に関するクレームを、八方美人的なノイスは聞き入れなかった（聞き入れれば、本社の製造担当者を非難することになるためだ)。しかし、グローブは、最初のうちこそ、スタンフォード大学の教授を招いてのQC(品質管理)講習会でも、特に需要の少ない製品に関して「売れない製品の品質を上げても意味がない」と発言するなど的外れな面も見られたものの、元は製造責任者でもあったこともあり、その意義を理解してからは精力的に改善に取り組んだのである。

**興味深いグローブの手相**

ちなみに、手相にも興味を持たれている唐澤氏は、あるとき、グローブの手相を見る機会があり、豊臣秀吉や徳川家康と同じ相が現れていることに気づいて、それを告げたそうだ。

秀吉の手相の特徴は、手のひらの中央に縦に伸びる「運命線」が長いことにある。中華圏では「事業線」と呼ばれ、仕事や事業で成功する人が多いとされている。また、行動的で強い上昇志向を持ち、努力を惜しまずに、たとえ失敗しても、あの手この手で壁を乗り越え、目的を完遂するともいわれる。

一方の家康の手相は、手のひらの中央を横切る感情線と知能線がつながって一本化している「マスカケ線」が特徴である。家康が天下を取ったことから、のちに「天下取りの相」とも呼ばれるようになったこの線の持ち主は、自我やこだわりが強く、頑固者とされる。

グローブの足跡を見る限り、まさにこの双方の特徴と性格を備えていたわけだが、唐澤氏からそのことを指摘された彼は、素っ気なく振る舞いながらも、まんざらではない様子だったそうである。

**チェックポイントをどこに置くか?**

話を戻せば、当初のインテルの品質管理は、実質的に輸出先・納品先で行なわれていたことになる。品質そのものが一定水準をクリアしていなければならないことはもちろんだが、その管理方法に大きな欠陥があった。

輸出先・納品先の検査で問題が発見されると、製品は破棄、もしくは本国に差し戻されて、代替品が送られてくることになる。これでは、時間、コスト、手間のすべての面で効率が悪く、ブランドの神通力が失われた途端、ライバルに追い抜かれるのは必至だ。

検査を生産ライン内、またはそれに近いところで行なえば、すべてが解決するはずだが、過去にはインテルのみならず、アップルも似た問題に悩まされていたことがあった。1986年の末にジョブズが復帰して間もない頃、アジアのEMS(電子機器受託生産サービス)を使って製造したディスプレイの検査をアメリカで行なうと、少なからず不良品が見つかっていたのである。

これではインテルのチップと同じく、遠い場所にある工場とのやり取りが発生する。そこで、現地から発送する前の検査を徹底し、完璧な状態に仕上げたものだけを出荷させることで、この問題を解決したのだった。

グローブも、時間はかかったものの、急がば回れ的な品質管理の本質に気づき、インテルがムーアの法則を証明し続ける上での必要性を認識してからは、手本となった日本のカルチャーを知って、その意見を参考にすべきだというフォーカスプログラムが社内で実施されるほどになったのである。

第6章

# 称賛は消えるもの：生活を芸術にするとは？

# 企業の品格は永続を担保する

グローブは、成功こそが破滅への第一歩と考えていた。成功すれば必ずフォロワーが生まれ、技術やデザインが盗まれ、先行者利益が時の経過とともに奪われていく。この悪い流れから逃れる方法はただ一つ、常に謙虚な姿勢で前へと進むことにある。

初期の製品の品質管理では後手に回った感のあったインテルだが、グローブは、いうなれば「企業の品格」にこだわり、社員が自社のカルチャーに沿って仕事をしているかどうかという点を評価基準に含めていた。

最終章となる本章では、グローブが世界的な企業と成長したインテルを存続させるために心がけた施策をまとめ、読者の皆さんの参考にしていただければと思う。

まず、グローブは、社内の風通しを良くし、活発な意見交換や組織の新陳代謝が起こりやすい環境を整えた。

社員の間の物理的・心理的壁を取り払うために、個室を作らずにスーパーフラットな仕事の環境を整えたことはすでに紹介したが、そこには各自が自分の考えを持ち、それに基づいて意見を戦わせることができる環境を整えたいというグローブのねらいがあった。「雄弁は銀、沈黙は金」という格言があるが、グローブは「沈黙は罪」と考えていた。自分の意見を述べなければ、それは、イコールやる気がないと見なされる。

一方で、意見を述べるにしても、迂闊《うかつ》なことやその場しのぎのことを言えば、必ず、その理由や根拠を追求されるので、あらかじめ何を訊《き》かれても大丈夫なように、情報収集に努め、それをしっかり咀嚼《そしゃく》し、理論武装しておく必要があった。こうしたことが、社員の知識レベルや実務能力を伸ばし、組織の活性化につながると考えていた。

また、グローブは、自身の視点とは異なる見方をする者に一目置き、個性の強い人間を可愛がるようなところがあった。会議でも、わざと大勢の意見とは逆のことをいう参加者が現れ、ある結論に傾きかけた議論の検証につながるという流れが自然にできていた。最後の決断はもちろんグローブ自身が下すのだが、多様な意見を忌憚《きたん》なく戦わせることが重要であり、ともすれば日本で起こりがちな、根回しに基づく結論ありきの形式的な議論とは正反対の、彼の考えるあるべき会議の姿が確立されていたといえる。

# 創造力と個性を貴ぶ社風

グローブは「会社の成長は社員の成長に基づく」との信念を持ち、社員が互いに刺激しあって成長を促すための様々な仕組みづくりに力を入れた。

それは、人材採用の時点から始まっており、グローブ自身は、他の企業の色に染まっていない新卒者の採用を好んだ。彼が求めたのは、いわゆる変わり者や極端な思考の持ち主、あるいは、普通は見過ごしてしまうことに気づくような、少々ぶっ飛んでいるくらいの人材である。そのことはインテルジャパンでも反映されていて、元気とやる気に満ち、何か光るものを持つ優秀な人間であれば、高卒者であっても積極的に採用される。逆に敬遠されたのは、学歴とは無関係に、可もなく不可もない無難な人間だ。

つまり、一流大学を卒業しているからといって、それが企業内で求められる能力と直結しているとは限らない。ある大企業の事例では、関東と関西の有名大学を卒業した上司と部下が、互いの出身大学の序列を持ち出して会議を紛糾させたという事件が実際に起きている。

あるいは、イエスマンばかりの側近で固めたワンマン社長が経営する会社では、いろいろなプロセスを経てようやくプロジェクトの外注先が決まりかけた時に、その社長の鶴の一声ですべてが覆えるということも起きる。

このようなケースでは、前者の場合は相互にしこりが残り人格攻撃が続くような状況に陥いりがちだし、後者の場合は、表向きは社長を立てても、影で不満が鬱積《うっせき》していることは間違いない。

グローブに対して品質管理の徹底を迫り、ナショナリスト呼ばわりまでされたインテル日本法人の元事業開発本部長であった唐澤豊氏は、中途採用の面接試験時に担当者から「10年後にはどうしたいか?」と聞かれ、「独立したい」と答えたそうである。

本当にそのように考えていたとしても、面接の場ではなかなか口に出せない言葉だが、あなたが、もし人事の採用担当者だったら、どうするだろうか? 一般的な会社で就職希望者がそう告げたなら、自社を腰掛け代わりにするつもりかと受け取られ、その場で落とされてしまうに違いない。

しかし、自分の思いを正直に述べた唐澤氏は、インテルジャパンに採用された。その理由は、「受け答えが日本人らしくないから」という不思議なものだった。つまり独立独歩の気概をもち、しかもそれをフランクに話す率直さという美徳をもつ人間と評価されたからこそ採用されたのである。

さらに、在学中にサークル活動でディスコを借り切ってパーティを催し、そのときに強面の人たちとうまく折衝してパーティを成功に導いたという経験を買われて、インテルジャパンに入社した学生もいる。

その面接は就職希望者が二人一組になって行なわれ、もう一人は半導体分野で有名な大学のクリーンルーム研究室の学生であったにもかかわらず、その学生は採用されなかったという。この例からも、インテルがいかにユニークさ（個性）を求めている企業かがわかろうというものだ。

この人材採用基準法はスタートアップ企業にも大いに参考になるであろう。常識に捉われない発想や、他の人間が経験していないような体験の持ち主は常に社内でイノベーションを起こす必要に迫られるインテルのようなＩＴ企業においては、必要不可欠な人材といえよう。

# 自己の生き方について真の芸術家

本来、一人一人が自分の仕事の主人になって働くという主体的な姿勢が各自のオリジナリティとなって、類まれな製品やサービスを創り出すのだが、実際には、仕事の方が主人となって、私たちは働かされているという意識が強くなるのではないだろうか。

第4章でも取り上げたが、三木清は、虚栄について「虚栄は人間的自然における最も普遍的な且つ最も固有な性質である。虚栄は人間の存在そのものである。人間は虚栄によって生きている。虚栄はあらゆる人間的なもののうち最も人間的なものである。」と述べている。さらに「いかにして虚栄をなくすることができるか。虚無に帰することによって。それとも虚無の実存性を証明することによって。言い換えると創造によって。創造的な生活のみが虚栄を知らない。創造というのはフィクションを作ることである、フィクションの実在性を証明することである。・・・自己の生活について真の芸術家であるということは、人間の立場において虚栄を駆逐するための最高のものである。」とも述べている。

日本的経営でいう家族的経営や温情主義、さらに「和を以て貴しとなす」とする精神は、一部で日本人の美徳であると言われる。しかし、これは三木に言わせると「半分の徳」でしかない。予定調和的な会議や上司に気に入らんがための言動、あるいは他の者に対して自分を快きものにせんがために虚栄的であるということは、「こころのやさしさ」に連動している。これは、社会人として生活するうえでの大切な徳ではあるが、三木はこれを「半分の徳」と称した。人間の本質は虚栄であり、人生はフィクションであるという感覚は、誰もがもつ感覚でないだろうか。豊臣秀吉の辞世の句は「浪速《なにわ》のことは夢のまた夢」であったが、人生は過ぎ去ってみるとあっという間で、しかも夢のように感じるものであろう。人は誰でも一つは自分を主人公にした小説を執筆することができるという。しかし、その小説を夢や虚無であるというものは誰もいない。このことは、創造が虚栄を駆逐《くちく》するという一つの事例といえよう。

グローブは虚栄を排除し、人間の本来もつ創造力と自己のアイデンティティを実証しようとする熱意をもって、CEOの任務にあたっていたと思われる。そのために三木のいう「こころのやさしさ」という半分の徳が後ろに隠れ、こころのやさしの敵である傲慢《ごうまん》に堕《おち》いるというきらいがあった。しかし、この傲慢さが、当時のシリコンバレーという劇的な競争原理の働く市場で、IT企業として生き残り成長のための礎《いしずえ》となったことは否定できない事実であろう。

夏目漱石の『草枕』の冒頭に、「智に働けば角が立つ。情に棹《さお》させば流される。意地を通せば窮屈だ」という名言があり、この名言は人生を上手に送るにはに知・情・意の3要素が大切で、とくにそのバランスの大切さを強調したいときによく引用される。グローブのCEOとしての生き方は、「意」が突出して六割、「智」が三割で、「情」は一割（ことによると一割以下）にも満たなかったのではないだろうか。このことから、創成期のインテルにとって、グローブのなかにあった「意」（正しさ、価値観、先見性など）が先導し、それに伴い「智」（開発、技術、マーケティング、分析など）が進化し、そして最後に「情」（優しさ、思いやり、感性）が浸透していくという良い流れが社内文化として醸成されたともいえる。

# 「イノベーションのジレンマ」を防ぐ5％ルール

本章の冒頭で、グローブが、企業の成功こそが破滅への第一歩と考えていたことはすでに紹介したが、それは、別の言い方をすれば「イノベーションのジレンマ」を防ぐことに他ならない。

「イノベーションのジレンマ」とは、ハーバード・ビジネス・スクールの教授、クレイトン・M・クリステンセンが１９９７年に同名の書籍を著して提唱した理論で、「破壊的イノベーションができない大企業は衰退する」というのが、核となる主張だ。

そのポイントは、続く3点に要約されるが、前提として、従来型の優良企業の改革のあり方を「持続的イノベーション」（顧客の声を聞いて自社製品や技術の改良を行ない、その結果として市場シェアの向上を目指す）、そして、新興企業によるパラダイムシフト的な価値観の変化を引き起こす改革のあり方を「破壊的イノベーション」と呼んで区別している。

まずポイントの一つ目は、技術革新が激しい分野において優良企業が衰退する原因が、「持続的イノベーション」に注力してしまうことにある、というものだ。

次にポイントの二つ目として、そのような企業が「破壊的イノベーション」を生み出そうとしても、それが市場に受け入れられるまでの間は、すでに確立した既存の製品や技術のほうがコストパフォーマンスが優れ、現実の利益もそこから得られているため、成功している会社ほど、根本的な改革には及び腰となることが挙げられる。つまりは、自社を含めて既存企業のビジネスモデルをも壊すくらいでなくては、本当の意味での「破壊的イノベーション」とは呼べないわけだ。

そこで、ポイントの三つ目は、優良企業が「持続的イノベーション」に時間を費やしている間に、失うものを持たない新興企業が「破壊的イノベーション」を起こし、現在の成功に甘んじている企業のビジネスは停滞する、ということになる。

このジレンマを防ぐためには、会社が成功してからも、自らのビジネスが十分な新陳代謝を起こせるような仕組みを日頃から作り上げておく必要がある。

今でこそ広く知られるようになったグーグルの20％ルールは、社員が就業時間の20％

を、担当業務以外の領域の活動に使うことを義務付けたものだが、これもイノベーションのジレンマに陥らないために案出されたルールといってよい。もちろん、この20％の時間は有効に活用しなくてはならず、そこでの成果も人事考課の対象となる。

しかし、グーグルよりずっと以前から、インテルはその原型的なシステムを採り入れていたといえる。こちらは、いわば「5％ルール」で、就業時間の5％を、担当業務以外のジョブトレーニングや、社内の新規プロジェクトに割いても良いというものである。

これは、義務ではないものの、もし本人がそうしたいと表明すれば、上司の許可なしにそうすることが可能で、ボスはそれを止めることができない。結果的に、元の部署の仕事が手薄になることも考えられるが、そこを補うのは上司の責任となり、新たに人を雇うなどの方法を使って補っていく。

この制度は、新規事業などを始める際に、外部に対してヘッドハントを行なう前に、一旦、社内で人材を募集するというインテルのカルチャーとも関係しているといえるだろう。すなわちそのような動きが出てきたときに、すぐに対応できる体制を日頃から整えているのだ。

しかも、幹部にも（いうなれば無能な上司にならないための）トレーニングセッションが用意され、そのための期間も2週間確保されている。その間はマネージャクラスの人間が通常業務から抜けるわけで、この仕組みに対するインテルの期待の大きさがわかる。

このトレーニングでも、自分と仕事を見つめ直すための宿題が数多く出され、自己批判を録音して記録に残す時間も設けられている。その際には、昇進ばかりを考えて会社全体のことがわかっていなかった自分の過去を反省して泣き出す幹部もいるほどの厳しいものであるようだ。

# 多国籍コミュニケーションを支えるマトリクス組織

このような制度を運営しようとすれば、当然、マネージャクラスの社員の負担が大きくなるが、グローブは、真のマネージャとは単なるコントロールするだけの管理者というより問題解決ができる能力をもつ管理者であると考えていた。

すなわち、単純に部下の尻を叩くことがマネージャの仕事ではなく、管轄のプロジェクトが円滑に回っているかどうかを判断し、回っていないとしたら何が原因かを突き止め、うまく回るように手立てを尽くし、足りないものがあれば手配するという役回りである。

そして、ピーターの法則に見られる無能な上司が生まれないように、グローブはこうしたことをしっかりできる人間をマネージャに抜擢することに専心した。

さらに、マネージャがスムーズに職務を遂行するための工夫として、各国のマネージャは、上司を介さずに、直接アメリカ本国のマネージャとやり取りを行ない、問題解決に当たってよいことになっていた。これは、インテルの組織がマトリクス構造を採っているために可能なコミュニケーションのあり方だった。

企業の組織構造には、大きく分けて、職能別型、事業部型、そしてマトリクス型の三つの種類がある。

中小企業に多く見られ、最も一般的と考えられる職能別組織は、いわゆるピラミッド構造で、各長の下に職能部門（製造、研究開発、経理、営業など）が直接ぶら下がっている。この形態の組織は、部門ごとの役割分担が明確なため、決められた業務を効率的に行なうことができる。そして、部門内に限れば情報共有などのコミュニケーションもとりやすく、機密も守りやすい。

一方で、部門間の連携が取りにくかったり、仕事が上司からの指示待ちになりやすいというデメリットもあり、特に部門を横断するようなプロジェクトの場合には、責任の所在が曖昧になる危険もある。

大企業やチェーン展開している会社で採用されるケースが多い事業部制組織は、製品や社内ブランド、地域といった事業単位で区切られた組織構造だ。特定の事業領域ごとに大きな権限が与えられるため、市場の変化などに対して柔軟で素早い判断を下しやすいというメリットがあり、プロジェクト単位でリーダーが任命されるので、責任の所在も明らかとなる。

逆に、事業部ごとの権限が大きいため、そうしたリーダーの責任も重く、失敗すれば組織全体に影響が出る可能性がある点は、デメリットといえる。

また、職能別組織で各部門が孤立しやすいように、事業部制組織

図6－1　単純組織

図6－2　職能別組織

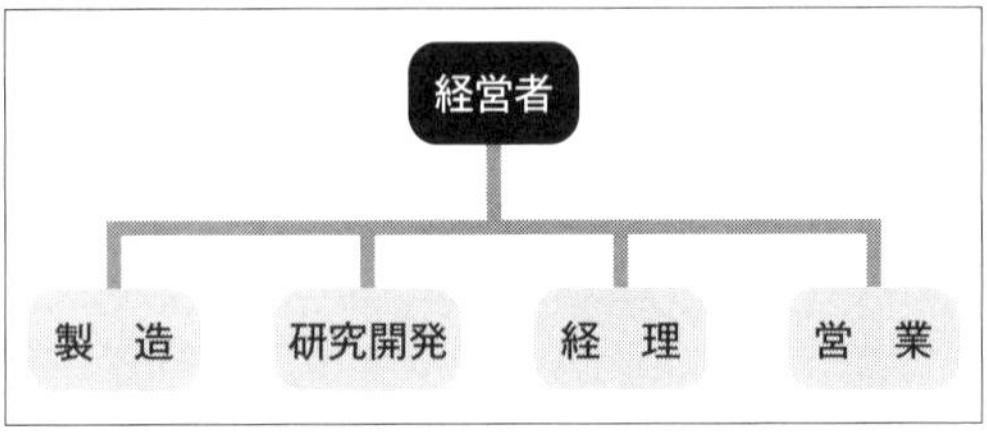


図6－3　事業部制組織

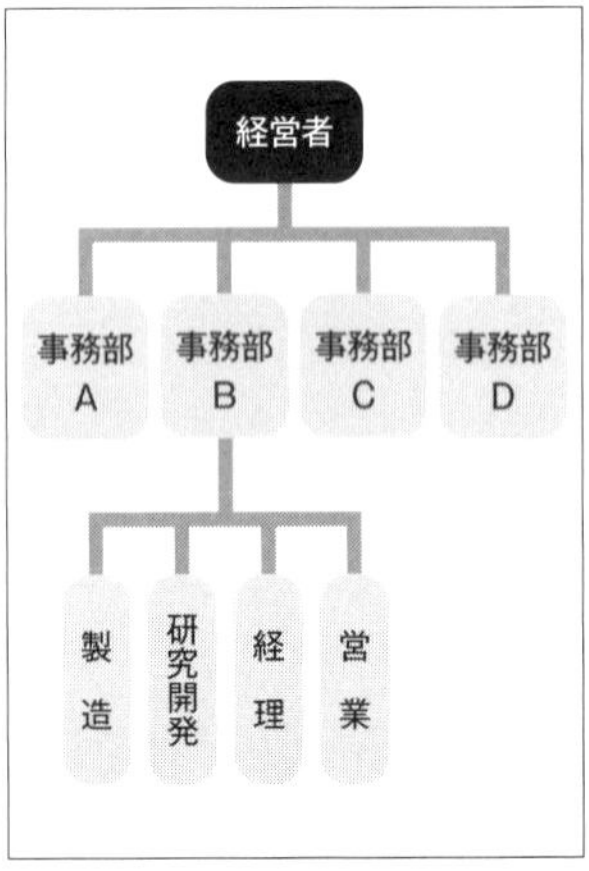


図6－4　マトリクス組織

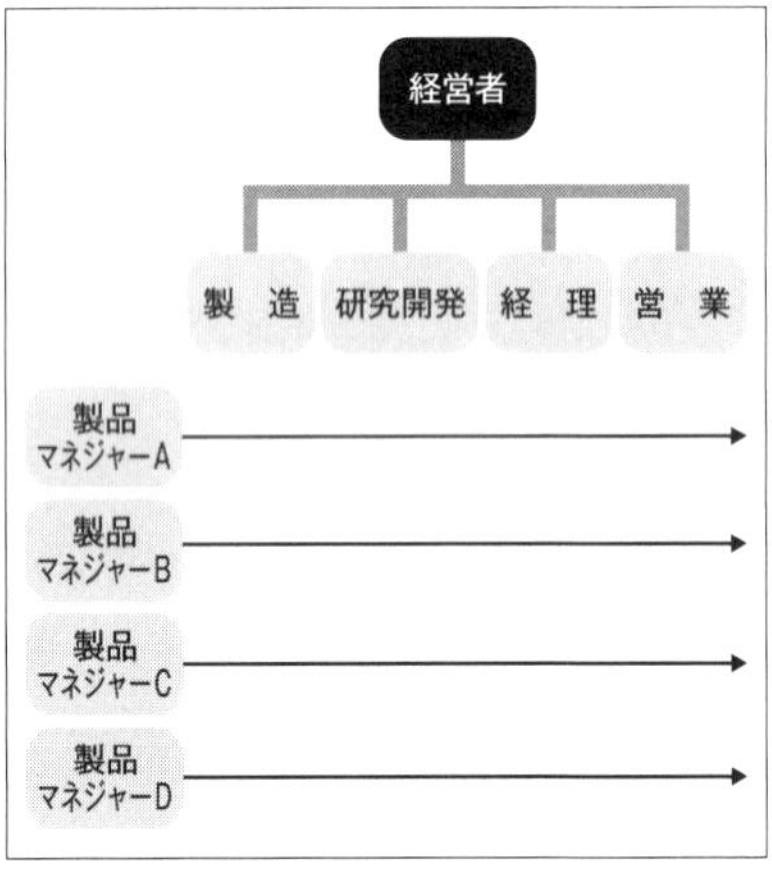

では各事業部間のコミュニケーションを取りにくい面がある。そして、プロジェクトチームの解散に伴って、そこで得られたノウハウなども分散してしまい、意識してまとめておかない限り、再利用しにくくなることも弱点と考えられる。

最後に、マトリクス型の組織であるが、これはその名の通り、格子状の構造を持つ組織を指す。つまり事業部制を組織の縦割りに使い、それらを横断するように職能制を組み合わせるというものだ。

そうすると、ブランディングや製品ラインごとの企画、地域別の販売戦略などは、動きの取りやすい事業部制で行ない、経理や人事といった経営面でのチェック機構は職能制で串刺しにするというハイブリッド構造になる。プロジェクトなどは、各部署から適した人材を出し合って遂行し、経理は職能的な専門部署が行なうことで、バランスの採れた業務が遂行できる。

では、マトリクス組織に死角はないのかといえば、実際には弊害も存在する。縦割りと横割りが同時に存在し、さらに、また少し違う位置付けのプロジェクトも立ち上がるため、進捗などを報告すべき階層が複雑化してしまう点が一つ。そして、それぞれの長がしっかり役割分担を行なわないと、指示系統が乱れ、現場の人間が混乱する可能性が高いことが、もう一つの難点だ。

インテルの場合にも、マネジメントがマトリクス的に行なわれたため、スピーディーな問題解決ができた反面、絶えずフレキシブルにプロジェクトが進むため、評価が直近の業績で判断されがちとなる弊害も生まれた。

しかし、グローバルかつクリエイティブな活動が企業に求められる傾向が強まる中で、注目を集めるようになったマトリクス型の組織を、ずっと以前から採り入れて実践していたことは、インテル躍進の一つの鍵を握っていたといってよいだろう。

グローブは、クリエイティブな仕事をシステム化することに長け、しかも、スタッフに対して失敗を恐れずにリスクをとらせた。その結果としてミスをしても、戦犯扱いしないという点でも徹底していた。そのことが、社員を萎縮させず、破壊的イノベーションを連続的に起こしていく原動力となったのである。

# 襲いくる10Xの変化と新たな「ルール」

グローブは「10Xの変化」という言葉を好んで使った。「X」は倍率を意味しており、「10倍規模の変化」とは、まさに彼流の「破壊的イノベーション」の捉え方であった。

たとえば、身近なところでは、かつて玩具の大規模小売チェーンとして一斉を風靡《ふうび》したトイザらスのアメリカ法人が、２０１７年の秋に、52億ドル（5，８００億円）という負債を抱えて連邦破産法11条（会社更生法）の適用を申請した。

膨大な固定費のかかる実店舗の拡大戦略が財務を圧迫し、２０００年にEコマース分野でアマゾンと提携したものの、品揃えが縮小されたことを理由として２００８年にアマゾン側から契約解消を言い渡され、それが尾を引いてついに経営破綻に至った。

実はアマゾンは、トイザらスと入れ替わりに別の玩具販売業者を自社のECサイトに招聘し、通販による売り上げをすべてそちらに持って行かれた末の終焉《しゅうえん》だった。

トイザらス・アジアの傘下にある日本トイザらスは、独自のＥＣサイトを展開し、それなりに順調な展開を見せているようなので、すぐには影響を受けないかもしれないものの、米本社は完全にアマゾンのビジネスモデルと契約に振り回され、「10Ｘの変化」を味方につけることができなかった。

同じく、カジュアル衣料大手のギャップも廉価《れんか》でファッション性が高いファストファッションチェーンの台頭が原因で、２０２０年にかけて傘下のバナナリパブリックと共に約２００店舗を閉鎖することを発表している。加えて、アマゾンが衣料分野でも存在感を示し始めたことも影響したと見る向きもある。

今後は、同じく傘下で廉価チェーンのオールドネイビーとスポーツ衣料のアスリータを強化し、同時期に２７０店舗を増やすとしているが、Ｈ＆Ｍやザラ、フォーエバー21といったファストファッションチェーンの隆盛を見ると、やや遅きに失した感がある。

これらの例は、まさにビジネスのルールがアマゾンやファストファッションチェーンによって書き換えられたために生じた、優良企業の誤算だ。

グローブにとっての「10Ｘの変化」は、常にそれが訪れてから対処するのでは遅く、その予兆となる僅かな変化を見逃さないことを重視した。また、「破壊的イノベーション」

が既存の優良企業のビジネスモデルをも壊してしまうほどの脅威的なものであれば、それこそ、どこかの他社によって壊される前に、自らの手でそれを行なってしまうべきと考えた。

## レッドX（クロス）キャンペーン

その典型が、1989年に始まった「レッドX（クロス）キャンペーン」だ。

当時、市場には、80286（通称286）という型番のインテル製マイクロプロセッサを搭載したPCが普及していた。しかし、すでにその後継の80386も発表後4年経過しており、この年にはさらに上位の80486（同486）もリリースされた。

ムーアの法則は、単に半導体メーカーの技術が進めば良いというものではなく、それを受け入れる市場も重要な役割を果たす。消費者が欲しない限り、メーカーが技術進歩を誇っても、イノベーションは頭打ちとなるからだ。

そこで、インテルは自ら、286という文字の上に、街で見かけるスプレーペイントによるグラフィティ（落書き）風の赤いバツ印を描いたビジュアルを用いた広告キャンペーンを展開し、他のメーカーに言われる前に「286はもう古い」ということを猛アピールし、さらに386へのアップグレードを促して、成功させた。

と同時に、それまでインテルの主要な顧客はコンピュータメーカーであり、新型チップの売り込みも、そこに向けて行なわれていたが、これからは消費者が買い替えを主導する立場になると考え、(PC自作派を除けば、実際にインテルからマイクロプロセッサを購入するのは企業であり続けたにもかかわらず)、アピール先を切り替えたことが、レッドXキャンペーンの革新的なところであった。この動きは、まさに半導体業界における広告のルールを書き換えたことに他ならなかった。

新たなルールを作って、その先頭を走るために、グローブは大胆に決断し、積極的にリスクをとったのである。

# 顧客志向のマーケティング

## 言葉を武器とする

アンディ・グローブは、優しそうな印象の写真ばかりが目立つが、すでに触れてきたように仕事の場では厳しく、相手の考えを見透かすかのような鋭い目つきで顔をじっと見つめながら話をよく聞き、そして、言葉を武器として戦った。

インテルに入社した当初は、いかにも研究者のような牛乳瓶の底を思わせるメガネをかけ、白衣で過ごすことが多かったが、経営者になる決意を固めた頃から、コンタクトに切り替え、服装もとっくりセーターにチノパンという、小ぎれいな格好に変身した。

インテルほどの企業でも、ユダヤ系のグローブに対して陰口を叩く者がおり、そのような人物が責任者になってよいのかという意見を持つ人間も存在した。

おそらくグローブは、新たな環境の中で生き抜くために自己演出や自己改革を間断なく行なうようになっていったのであろう。それ以降も、彼は事あるごとにスローガンなどが書かれたTシャツを作っては自ら着用して広告塔となり、メディアに向けてメッセージを発信する。

かのスティーブ・ジョブズも、アップルの創立期にヒッピー風の長髪・髭面で銀行に融資を頼みに行って断られると、ばっさり髪を切って髭を剃り、スーツに身を包んで出直した。自分の身なりには、彼なりのこだわりもあったはずだが、より大きな目標のためには、小さなプライドを捨てることに躊躇《ちゅうちょ》がなかった。グローブも、同じ気持ちだったに違いない。

先を読み、兆しを捉えよと主張したグローブ自身が、予兆を読み違え、焦って対応策を取ろうとして失敗したことは、アイテニアムの一件ですでに触れたが、彼がCEOとなってからも大きな試練が訪れた。それは当時の主力製品だったペンティアムプロセッサで、計算エラーが起こるというバグのトラブルである。

1994年10月のこと、アメリカはバージニア州にあるリンチバーグ大学のトーマス・

R・ナイスリー教授が、ペンティアムを使って非常に小さな値による割り算を行なうと、結果がおかしくなることを発見して、インテルに報告した。インテル側は、非常に稀《まれ》な条件下でそのエラーが起こることを確認したが、他からの指摘は受けていなかったため、実害は生じていないと判断して突き返した。

教授は、それならばと知り合いにもこの事実を伝え、他のインテル製マイクロプロセッサやペンティアムの互換チップでもエラーが発生するかどうかを確認するように依頼した。これがネットニュース（テキストデータの配信によるニュースメディア。まだWebベースのオンラインメディアなどは存在していなかった）に掲載されて、瞬く間に広がっていく。

このときグローブは、技術者的な観点から、このバグを問題視せず、インテルの公式発表でも「これが原因で問題が起こる頻度は27万年に一度」という理由付けで事を収めようとした。その後も、彼は技術的な説明を繰り返して理解を得ようとするが、IBMをはじめとするPCメーカー各社によって、問題解決までペンティアム搭載機の出荷を停止する決定が下されたことから、業界全体が大騒ぎとなった。

ニューヨークタイムズがこの話題を取り上げるに至って、インテルも最終的にバグを認めて謝罪し、問題のあるペンティアムをすべて無償交換することを決定した。その費用は4億7500ドル（500億円）に上り、これはその年のインテルの純利益の17％に相当した。

## 学習するリーダー像

レッドXキャンペーンで、インテルは顧客志向のマーケティングに舵を切ったはずであったが、グローブの頭には、まだ技術者的な指向性が残っていた。それが、この騒動を拡大し、今でいう炎上状態を引き起こすことになったのである。

自社のマイクロプロセッサが、もはや社会のインフラとなっていることや、一般消費者が技術的な説明だけでは納得しないことを改めて痛感したグローブは、進化する巨大企業の経営者としての自覚を新たにし、さらなる自己改革と社内体制強化を進めていった。

このようにして、世界の片隅からやってきた男は、世界の中心となる企業を作り上げた。『イノベーションのジレンマ』の著者であるクリステンセン教授は、後年、グローブをインタビューして「自分たちがどこに向かっているかわかっていないときでさえ、リーダーは落ち込む様子を見せてはいけない」という言葉を引き出している。グローブ自身も、決してすべてのことが見通せていたいたわけではなく、直感を持って未来と対峙し、苦しくとも、前へ前へと突き進んだのだ。

これから益々混沌《こんとん》さが増していきそうなこの世の中で、グローブのこの姿勢こそが、新たな時代のリーダーたちを勇気付けると共に、最も見習うべき資質であろう。

通常、リーダーシップは、人を指導・統率する能力や行動と訳される。しかし、ここで肝心なことは、人を導く前に自己を導くことができるかどうかである。つまり力強く自己を導くことができる人に、人はついていくのであり、自らを律し、自らを導ける逞《たくま》しい意志と行動力のある人が、まさに真のリーダーといえる。

アップル社の創設者の一人であるスティーブ・ジョブスは、顧客価値創造の重要性をいち早く認識し、「消費者は、実際の製品を見せられるまで自分が何を欲しいかを理解していない」と社員に諭《さと》し、最先端のマーケティング活動を率先して行なっていった。まさにグローブも、「Intel Inside®」のロゴを世界中のパソコンに付すという日本発のアイデアをいち早く取り入れ、率先してその価値を顧客に告知提供した。

グローブには常に懐疑するという習慣があり、また、追従《ついしょう》や媚《こ》びを極端に嫌い、さらに嫉妬心とは全く縁遠い個として自律した生き方を貫いた。このグローブの経営者としての生き方が、ＩＴ産業を代表するインテルという会社の社風を生み出し、その後の成長に大いに貢献することになった。

アメリカを代表する政治家で、第16代大統領となったエイブラハム・リンカーンは、次のように述べている。

「私は奴隷になりたくないがゆえに、主人にもなりたくない。これが、私の民主主義の理念である。」

リンカーンの理念とグローブの生き方に、どこか共通点を感じるのは、筆者だけでなく読者の皆様も同じでないだろうか。

コラム

# グローバル企業が意識すべき各国の文化・習慣の違い

## グローブも直面したビジネスショック

生まれ育ったヨーロッパと、企業人として辣腕《らつわん》を振るったアメリカの双方の情勢に精通し、パラノイアを自認して、自社を取り巻く環境の変化に絶えず目を光らせていたグローブも、日本企業がメモリ分野での価格競争を仕掛けてきたときには、思わぬ伏兵《ふくへい》の出現に慌てることになった。

それ以前に、最初のマイクロプロセッサの開発依頼が日本から来た時点で、多少はこの東洋の小国に注意を向けていたと思われるが、日本のメモリ輸出が始まった当初は、生産調整中の自社製品の不足分をそれで補うことができ、市場の不満がインテルにぶつけられずに済んだことで安堵《あんど》さえしていた。この点に関しては、さすがのグローブも日本についての認識が甘かったといえる。さらにいえば、やや見くびっていたところもあったのではないかとも感じられる。

おそらくその時点では、勤勉で研究熱心でもあり、やるときにはとことん突き詰めて物事を行なうという日本人の国民性を完全には理解できていなかったのだろう。もちろん、それなりの企業のトップだからといって、すべての国の文化や国民の性格を把握しているわけではなく、それがリーダーに必須の知識ということでもない。しかし、少なくとも担当者レベルでは輸出相手国やライバル企業の出身国の文化に通じ、企業が下す判断に貢献できる状態にしておく必要がある。

## ホームグラウンドでは意識されない文化の違い

たとえば、筆者（大谷）の見聞の範囲内でも、次のような事件があった。

ある大手日本企業がアメリカのＳＸＳＷ（サイス・バイ・サウス・ウェスト）というイベントに、ジェスチャーコントロールできるプロジェクションデバイスを持ち込んで来場者にハンズオンさせたときのことだ。

そのデバイスのデモの一つに、テーブル面に指先で円を描くと、そこに仮想的な打楽器のドラムが現れ、叩いて楽しめるというものが含まれていた。ところが、準備段階で日本人のスタッフが操作したときには問題なく動作していたのだが、実際に会場を訪れた人が操作すると、かなりの確率で正常に動かなくなるのである。

筆者（大谷）も普通に動作させることができたので、なぜ一般の来場者に限って動かなくなるのか、まったくの謎だった。

ところが、担当者が観察するうちに、「日本人と欧米人では円の描き方が異なる」ということに気がついた。ほとんどの日本人は、円や丸を無意識に右回りで描き、左回りで描く数字のゼロとは区別している。しかし、欧米人はどちらも左回りで描く人が多いのである。

日本で開発されたデモアプリは、何の疑問もなく、右回りのジェスチャーのみを円として認識するように作られていた。そして、テストも日本人スタッフの手で行なわれたため、不具合は生じなかったのだ。

原因がわかると、その場でプログラムを修正し、左回りのジェスチャーもサポートするだけで問題はすぐに解決した。これはあくまでもイベントのデモ用だったのと、現場対応できる案件だったのでことなきを得たが、ホームグラウンドの日本では当たり前と思っていること、普段は意識されないことが、実は他の国では通用しない場合があるという良い例だった。

奇《く》しくも、この円の描き方は、第5章で触れた「intel in it」と「Intel Inside®」のマークを囲む、手描き風の長円の違いにも反映されている。本国のデザイナーは、左回りの長円によって「intel in it」の真似をしたという印象を薄めようとしたというよりも、それがなぜ右回りなのか訝《いぶか》しみながら、アメリカ向きの左回りのデザインにし直したと考えられる。

同じく、英語圏では「in it」は性的な意味合いに取られかねないこともあり、日本で作られたキャッチフレーズの語呂合わせを生かしながら「Intel Inside®」に置き換えたのである。

もし、これらの文化的背景の違いがなければ、日本発のロゴがそのまま世界でも使われていたかもしれない。

### 転ばぬ先の杖

この種の文化の違いが生んだビジネスの教訓的なエピソードは、他にもある。

有名なところでは、タイヤメーカーが中東に輸出したタイヤのトレッドパターンが、イスラム教の神「アラー」を示すアラビア文字を思わせるものとなっていたために、それが踏みつけられたり汚れることにショックを受けたイスラム教徒の反感を買い、謝罪と販売中止に追い込まれた話が知られている。

また、同じく中東を旅していて旅費が尽

きたために、自分がしていた自動巻きの古い腕時計を売って金に変えたところ結構な金額になったことから商売を思いついた男の話も面白い。

日本に戻って最新型のクオーツ式腕時計を仕入れ、もっと高く売れるはずだと皮算用して中東に戻ったところ、まったく売れなかったというのだ。理由は、現地では、正確かもしれないが電池交換が必要なクオーツ式腕時計よりも、多少不正確でも半永久的に動く自動巻きのほうが好まれたためだった。

腕時計に関して今はもうそんなことはないと思うが、日本の評価基準が必ずしも他の国に当てはまらず、それも時と共に変化していくということを常に意識することが重要といえる。

最近も、マレーシアに進出した日本の居酒屋チェーンが、現地では食事は食事、酒は酒で店を変えて楽しむことが習慣化していることを知らず、利幅の大きな酒が売れずに苦戦しているという話題があった。その一方で、同国に出店した別の居酒屋チェーンは、酒を注文した客にサイコロを振らせ、その目によって割引を行なう仕組みを取り入れるという工夫によって、少しずつ食事をしながら酒を飲む人を増やしているという。

日本と違って計画通りに事が進まなくても、それでめげることなく臨機応変に対応し、その場に即したビジネスを展開していく。変化の度合いが益々加速し、混沌《こんとん》さを増す新興の市場では、まず、その点を押さえておく必要がある。

**日本企業は先鋭的なイベントに参加すべし**

ちなみに、先に触れたSXSWとは、毎年、米国テキサス州のオースティンで開催されている、世界最大級のクリエイティブ・ビジネスの祭典だ。日本人にはまだなじみが薄いところもあるが、欧米では、革新的な事業アイデアや実験的な製品コンセプトを提示して感度の高い来場者からの直接的なフィードバックが受けることのできる、新たなクリエイティブムーブメントのフロンティアとして注目を集めてきた。

他のトレードショーなどと大きく異なるのは、展示物が完成品や市販製品でなくても良いという点だ。逆に、開発中のプロトタイプなどを持ち込み、あえて手の内を見せることで、社内だけではわからなかった改善点を見つけたり、コミュニティ作りを行なう場として利用されているのである。

もちろん、インテルもカンファレンスセッションでAI技術に関する講演を行なったり、会場を見て回るのに疲れた参加者たちを癒《いや》すラウンジを提供したりして、SXSWでの存在感を高める努力をしている。

毎回20万人を超える参加者も、通しで数万円～十数万円もするチケットを購入して、テキサスまでやって来る人たちなので、決して冷やかしなどではなく、皆、新しいモノ、コト、ヒトに積極的に関わろうとする気概が感じられる。

これからの日本企業にとって必要なのは、このような先端的イベントに積極的に参加して、進行中のプロジェクトを来場者に問うとともに、若い人材に世界の発想の豊かさに触れさせ、対等に渡り合えるコミュニケーション能力を身につけさせることなのだ。

# 参考文献


・アンドリュー・S・グローブ（佐々木かをり訳）『インテル戦略転換』七賢出版、1997年。
・アンドリュー・S・グローブ（樫村志保訳）『僕の起業は亡命から始まった!―アンドリュー・グローブ半生の自伝』日経BP社、2002年。
・アンドリュー・S・グローブ（小林薫訳）『HIGH OUTPUT MANAGEMENT（ハイアウトプット マネジメント）人を育て、成果を最大にするマネジメント』日経BP社、2017年。
・アンドリュー・S・グローブ（佐々木かをり訳）『パラノイアだけが生き残る 時代の転換点をきみはどう見極め、乗り切るのか』日経BP社、2017年。
・クレイトン・クリステンセン（玉田俊平太監修・伊豆原弓訳）『イノベーションのジレンマ』翔泳社、2001年。
・スティーブン・R・コヴィー（川西茂訳）『7つの習慣』キングベアー出版、1996年。
・マイケル・マローン（土方奈美訳）『インテル 世界で最も重要な会社の産業史』文藝春秋、2015年。

・リチャード・S.・ドロー（有賀裕子訳）『アンディ・グローブ［上］［下］』ダイヤモンド社、2008年。
・三木　清『人生論ノート』新潮文庫、1978年。
・吉原英樹『「バカな」と「なるほど」』PHP研究所、2014年。

# あとがき

アンディ・グローブは、もちろん、ただ闇雲《やみくも》にすべてのことを疑い、怒りによって周囲を従わせたわけではない。「真の懐疑家は論理を追及し、独断家はまったく論証しない（あるいは、形式的に論証するのみ）」という言葉があるように、物事を論理的に突き詰めるあまり疑わざるをえなくなり、その疑問を、時間を無駄にすることなく解決・解消するために怒りを爆発させるという手段を用いたのである。

結果的に、それは、インテルという企業、そしてアンディ・グローブ自身の人生にも成功と幸福をもたらすことになった。

先日、たまたま観たテレビ番組にダイソーの創業社長である矢野博丈氏が出演しており、自らの経験から得た5ヶ条のビジネス訓を紹介されていた。氏は、若き日の事業の失敗などを乗り越えて、僅かな機会を見逃さずに100円ショップというビジネスモデルを確立した異色のビジネスパーソンだ。

その過程で得た教訓とは、以下のようなものである。

① 希望よりも不安を大切にする
② 失敗するしか成功する方法はない
③ 成長よりも会社が潰れないことが大切
④ 努力の結果は3年先5年先に出てくる
⑤ ほめるより叱るやさしさが大切

これを見たとき、筆者はすぐにアンディ・グローブとの共通点が多いことに気づいた。たとえば、①は、まさに「パラノイアであれ」ということであり、②は、リスクを恐れずに挑戦させ、失敗は責めないというポリシーに通じている。また、③は、生き残ることの重要性を説いており、④も、どこに向かっているかわからなくとも、粛々《しゅくしゅく》と歩み続ける姿に重なる。そして、⑤は、相手が誰であれ、グローブが徹底して議論を戦わせ、考えが足りなければ打ちのめすという姿勢と似たところがある。

このことは、洋の東西、そして、分野の違いはあっても、グローブのビジネス哲学が通用することを示す異色の、しかし、的を射た例ではないだろうか。

最近では、ダイソーも100円のアイテムを中心としながら、最高数千円の商品も揃えている（ただし、すべての店舗に置かれているわけではない）。つまりディスカウントストア的な性格を帯びてきているが、これも過去に成功した業態にこだわらず、時代に合わせて柔軟に進化させていこうとする意思の表れと考えられる。

そして、薄利多売《はくりたばい》で常に激戦が繰り広げられている１００円ショップやディスカウントストア業界で、グローブの考え方が通用するのなら、他の業種でも確実に有効であろうと思えるのだ。

その一方で、最近のインテルは、再びマイクロプロセッサの欠陥問題で、世間を騒がせた。読者の皆さんも、おそらく耳にしたことがあるはずの、「メルトダウン」と「スペクター」という攻撃手法に対する脆弱性《ぜいじゃくせい》である。

前者は、インテル製マイクロプロセッサに固有の弱点であり、本来は保護されているプロセッサ内のカーネル（核）のメモリ内のデータに、外部からアクセスできてしまうもの。また、後者は、インテルのほか、ＡＭＤやアーム製の（いずれも、x86アーキテクチャに基づく）マイクロプロセッサも抱えている欠陥で、やはり本来はアクセス不可能な領域のデータをアプリケーションに曝《さら》してしまう。それらのチップの応用分野の幅広さから、パーソナルコンピュータのみならず、モバイルデバイスやＩｏＴ機器に至るまで、影響を受けない電子機器はないといえるほどの大規模な問題である。

特に、プロセッサそのもののアーキテクチャに起因する脆弱性のため、根本的な回避は難しく、インテルやOSメーカーが発表した対策も、あくまでそうした攻撃の可能性を「緩和」するためのものだった。しかし同時に、そうした攻撃を現実に行なうのも、極めて困難なところがあり、マスメディアによって必要以上に危険性がクローズアップされ過ぎた部分も散見される。

いずれにしても確実に言えるのは、ムーアの法則を維持するために進化してきたマイクロプロセッサの構造が、あらかじめすべてのバグを払拭することが不可能なほど複雑化していることであり、インテルはこれからも、この問題と戦い続けることになる。

また、それ以前には、モバイルデバイス向けに開発されたアトムプロセッサをノートPC向けに販売している間に、急速に普及したスマートフォンやタブレットデバイスの向けの半導体市場を他社に持っていかれるという大失策をおかしたこともあった。その結果、華々しくデビューさせたアトムプロセッサを核とするモバイル事業からの撤退を余儀なくされ、メディアからも「インテル敗北」と大々的に報じられた。

さらには、IoT時代に向けて開発されたSDカードサイズの超小型コンピュータ「エジソン」も、中国製マイコンボードに押されて思うように普及させることができず、ひっそりと姿を消した。

このように、グローブが引退してからのインテルは、世の中の変化を先取りできていない、あるいはせっかくの機会を生かし切れていない印象を受けるが、個人的に期待しているのは、脳の仕組みを模倣した自己学習型のＡＩチップである「ロイヒ（Loihi）」や、現在のスーパーコンピュータでも数ヶ月から数年を要するような問題を一瞬で解く可能性を踏めた量子コンピュータ用チップ「タングルレイク（Tangle Lake）」、そして、約１兆７０００億円をかけて買収したイスラエルのモービルアイの技術に基づく、自動運転車向けのプラットフォーム開発だ。

それらは、どれもまだプロトタイプステージで、成果が現れ始めるのは数年後と考えられるが、そこにリスクをとって挑んでこそ、グローブが重んじた本当のインテルスピリットと言えるだろう。

そして、これらの新規事業が成功したとき、インテルは半導体企業から最先端のソリューション企業へと変身を遂げているはずだ。それこそが、グローブのいう10Ｘの変化を乗り切ったインテルの次の姿なのである。

今の時代はデジタルディスラプション真っただ中で、企業・行政組織の多くが、破壊的、非連続的な進化を迫られている。グローブの考え方、生き方、姿勢は、このような時代であるからこそ、多くの企業経営者、行政、役人から一般のビジネスパーソンに至るまで多くの方々の指針になると筆者は信じている。そうした変化を率先して起こすことで、日本に再び大きな成長をもたらせるのではないかと思うのだ。

なお、本書執筆のための取材を受けていただいた、元インテルジャパンの唐澤　豊氏からは、当事者ならではの貴重なお話を伺うことができ、この場を借りてお礼申し上げたい。大変、ありがとうございました。

また、編集を担当された同文舘出版株式会社の市川良之氏には、脱稿まで辛抱強くお付き合いいただき、感謝の言葉もない。本書を世に送り出すことができたのも、ひとえに氏のおかげである。

末筆ながら、この二名の方々に心からの謝意を伝え、本書の締めくくりとする。

# 補録：グローブ関連年表

| 西暦 | | アンディ・グローブ／インテル関連 | IT業界関連 | 社会の出来事 |
|---|---|---|---|---|
| 1936 | グローブ0歳 | 9月2日にハンガリー・ブダペストのユダヤ系ファミリーにアンディ・グローブが、グローフ・アンドラーシュとして誕生 | 世界初の機械式計算機「Ｚ１」が開発される | 西安事件 |
| 1937 | | | | 盧溝橋事件 |
| 1938 | | | | |
| 1939 | | | | 第二次世界大戦勃発 |
| 1940 | | | | |
| 1941 | | | | 日本軍が真珠湾奇襲攻撃、太平洋戦争勃発 |
| 1942 | | | | シンガポール陥落、ミッドウェー海戦 |
| 1943 | | | | |
| 1944 | | グローブと母親が生き延びるためにスラブ系の偽名を使う | | ノルマンディ上陸作戦 |
| 1945 | | | 現在主流のコンピュータの仕組みである「ノイマン型コンピュータ」の論文が発表される | 広島と長崎に原爆投下、第二次世界大戦終結、国際連合成立 |
| 1946 | グローブ10歳 | | 弾道計算を目的として世界初の電子計算機「ＥＮＩＡＣ」が開発される（１７，４６８本の真空管と１，５００個のリレーから構成） | インドシナ戦争勃発、日本国憲法公布 |

| | | | | |
|---|---|---|---|---|
| 1947 | | グローブがギムナジウムに入学 | | 冷戦時代の始まり |
| 1948 | | | | 世界人権宣言、朝鮮が大韓民国と朝鮮民主主義人民共和国に分裂、インドのガンジー暗殺 |
| 1949 | | | ショックレーが接合型トランジスタを発明 | ソ連が原爆実験、北大西洋条約機構調印、中華人民共和国成立 |
| 1950 | | | | 朝鮮戦争、中国国民政府が台湾に移動 |
| 1951 | | | | サンフランシスコ講和会議、日米安全保障条約調印 |
| 1952 | | | ＩＢＭが科学技術計算用大型コンピュータのＩＢＭ－７０１を発表、通産省電気試験所が非同期式計算機のETL Mark Iを試作 | |
| 1953 | | | ＩＢＭが商業計算用大型コンピュータのＩＢＭ－７０２を発表 | 朝鮮休戦協定 |
| 1954 | | | | ジュネーブ会議、自衛隊発足 |
| 1955 | | | | |
| 1956 | グローブ20歳 | グローブがアメリカに亡命 | ＩＢＭが科学計算向きプログラミング言語のＦＯＲＴＲＡＮを開発、富士写真フィルムがレンズ設計用に日本初の電子計算機を開発 | ハンガリー動乱勃発、日ソ共同宣言、日本が国連加盟 |
| 1957 | | グローブが給仕見習いの職に就くとともにニューヨーク市立大学に入学 | | ソ連が人類初の人工衛星「スプートニク」の打ち上げに成功 |

| 西暦 | | アンディ・グローブ／インテル関連 | IT業界関連 | 社会の出来事 |
| --- | --- | --- | --- | --- |
| 1958 | | ノイスらが集積回路（IC）を開発 | | アメリカが人工衛星「エクスプローラ」を打ち上げ |
| 1959 | | | | チベット反乱 |
| 1960 | | グローブがニューヨーク市立大学で化学の学士号を取得して卒業し、カリフォルニア大学バークレー校に入学 | 科学計算用のALGOL、事務計算用のCOBOL、人工知能用のLISPなどのプログラミング言語が次々と開発される | 60年安保闘争、「所得倍増計画」発表 |
| 1961 | | | 大井電気、早川電機（シャープ）、キヤノンが相次いで電卓を発売（価格は39.5～80万円） | ソ連のガガーリンが人類初の有人宇宙飛行、アメリカがアポロ計画を発表 |
| 1962 | | | | アメリカが初の地球周回軌道飛行に成功、キューバ危機 |
| 1963 | | グローブがカリフォルニア大学バークレー校で化学技術の博士号を取得して卒業 | | ケネディ大統領暗殺 |
| 1964 | | | IBMが汎用コンピュータ「System/360」を発売 | 東京オリンピック開催 |
| 1965 | | | | アメリカが北ベトナム爆撃開始、日韓国交正常化 |
| 1966 | グローブ30歳 | グローブがフェアチャイルド・セミコンダクターに研究者として入社 | | 中国文化大革命、ビートルズ日本公演 |
| 1967 | | | | 第三次中東戦争勃発 |

| | | | | |
|---|---|---|---|---|
| 1968 | | インテルが設立されグローブが3番目の社員となるも、人事担当者の手違いで4番目に登録される。 | | 三億円事件 |
| 1969 | | | | アメリカのアポロ11号が月面着陸に成功 |
| 1970 | | | | 70年安保闘争 |
| 1971 | | 世界初のマイクロプロセッサ「4004」を開発 | ビジコンが「4004」を使用した電卓を発売（価格は15．98万円） | 中華人民共和国の国連参加 |
| 1972 | | | | ニクソン大統領訪中、沖縄本土復帰、日中国交正常化、浅間山荘事件 |
| 1973 | | マイクロプロセッサ「8080」を開発 | | 第四次中東戦争、第一次石油危機 |
| 1974 | | | | |
| 1975 | | | 世界初のパーソナルコンピュータとされるALTAIRが組立キットとして発売（本体価格439ドル）、マイクロソフト設立 | ベトナム戦争終結 |
| 1976 | グローブ40歳 | | スティーブ・ウォズニアックがApple Ⅰを開発 | ロッキード事件 |
| 1977 | | | アップルコンピュータ（現アップル）が法人化しApple Ⅱを発売 | |
| 1978 | | | JIS漢字コード制定、東芝が初の日本語ワードプロセッサ（JW-10）を発表 | 日中平和友好条約調印、タイトーが「スペースインベーダー」ゲームを発表 |

| 西暦 | | アンディ・グローブ／インテル関連 | IT業界関連 | 社会の出来事 |
|---|---|---|---|---|
| 1979 | | グローブがインテルCOOに就任 | NECがPC-8001を発売、電電公社が自動車電話を発売（重量約7kg） | ソ連がアフガニスタン侵攻、米中国交樹立、第二次石油危機 |
| 1980 | | | | イラン・イラク戦争勃発 |
| 1981 | | | IBMがIBM-PCを発売、マイクロソフトがMS-DOSをリリース | |
| 1982 | | | NECがPC-9801を発売 | |
| 1983 | | | | 「東京ディズニーランド」開園 |
| 1984 | | | アップルが初代マッキントッシュを発売 | |
| 1985 | | | ジャストシステムが日本語ワープロソフト「一太郎」を発売 | プラザ合意 |
| 1986 | グローブ50歳 | | | ソ連のチェルノブイリ原発事故 |
| 1987 | | グローブがインテルCEOに就任 | | ニューヨーク証券取引所で株価が大暴落し「ブラックマンデー」と呼ばれる |
| 1988 | | | | |
| 1989 | | | 東芝が世界初のノートPC「J-3100SS」（通称ダイナブック）を発売、ティム・バーナーズ・リーがWWW（World Wide Web）を開発 | 天安門事件、ベルリンの壁崩壊 |

| | | | | |
|---|---|---|---|---|
| 1990 | | インテルのマーケティング責任者であった電通の加茂純（当時）の主導にて、intel in itロゴマーク、「インテル入ってる」コピー、およびキャンペーン戦略を開発し、intel in itロゴマークを東芝のダイナブックに添付することで日本におけるキャンペーンを開始 | | 東西ドイツ統合 |
| 1991 | | intel in itのロゴマークをベースに、米国にてIntel Insideロゴマークが開発され、世界に先駆けて日本は、intel in itロゴマークを用いたＴＶＣＭを放映開始。その後、米国ではIntel Insideロゴマークを用いたＴＶＣＭによるグローバルキャンペーン開始 | Linux OSの公開 | 湾岸戦争、ソ連解体、日本のバブル経済崩壊 |
| 1992 | | | | |
| 1993 | | 「ペンティアム」プロセッサを発表、グローブが全米エレクトロニクス協会よりメダル・オブ・アチーブメントを授与 | マーク・アンドリーセンが世界初のＷｅｂブラウザ「Mosaic」をリリース | ＥＵ（欧州連合）発足 |
| 1994 | | | | 関西国際空港が開港 |

| 西暦 | | アンディ・グローブ／インテル関連 | IT業界関連 | 社会の出来事 |
| --- | --- | --- | --- | --- |
| 1995 | | | マイクロソフトがWindows 95を発売、NTTが初のポータブル電話機「ショルダーホン」を発売（重量約3kg） | 阪神淡路大震災、地下鉄サリン事件が発生 |
| 1996 | グローブ60歳 | | | |
| 1997 | | グローブがインテル会長に就任 | | 香港の中国返還、チェスでコンピュータが人間を破る |
| 1998 | | | グーグル設立、アップルが初代iMacを発売 | |
| 1999 | | | NTTドコモが「iモード」サービスを開始 | EUの単一通貨「ユーロ」発行 |
| 2000 | | | コンピュータの西暦2000年問題 | |
| 2001 | | | | アメリカ同時多発テロ |
| 2002 | | | | ニューヨーク州立大が遺伝情報からウイルス合成に成功 |
| 2003 | | | | イラク戦争勃発 |
| 2004 | | | IBMがPC事業を中国のレノボに売却 | |
| 2005 | | グローブがインテル会長から退く | ユーチューブがサービス開始 | |

| | | | | |
|---|---|---|---|---|
| 2006 | グローブ70歳 | | アップルがインテル製CPU搭載Macを発売 | 北朝鮮が核実験 |
| 2007 | | | | |
| 2008 | | | | リーマンショック |
| 2009 | | | | |
| 2010 | | | | アラブの春 |
| 2011 | | | | シリア内戦勃発、東日本大震災 |
| 2012 | | | | |
| 2013 | | | | |
| 2014 | | 1998年からこの年までグローブはスタンフォード大学で講義を行う | | ウクライナ内戦勃発 |
| 2015 | | | | |
| 2016 | | 3月21日にアンディ・グローブ死去（享年79歳） | | イギリスのEU離脱派が国民選挙で勝利、オバマ大統領広島訪問 |

〈著者紹介〉

加茂　純（かも・じゅん）
・東京大学理学部情報科学科卒
・米イリノイ大学大学院コンピュータサイエンス学科修士号取得、客員研究員
・米オレゴン科学技術大学院マネージメントサイエンス学科客員研究員
・電通に入社し、インテル、マイクロソフト、アップルの日本における事業・広告戦略担当「インテル入ってる」キャンペーン創案し、Intel Inside® としてグローバルキャンペーン主導
・電通 USA ロサンゼルス支社にてデジタルラボを創設、チーフストラテジスト
・電通退社後、シリコンバレーにて、セコイアキャピタルの出資にて米 Harmonic Communications 社を創業、アジアパシフィック統括担当副社長、日本支社長
・PwC コンサルティング（旧ベリングポイント）戦略部門ディレクターに就任マーケティングエクセレンスグループ創設
・CMO ワールドワイド株式会社設立　代表取締役社長（現在に至る）
・国際サスティナビリティ推進 NPO 団体　米 BSR 社　シニアアドバイザー
・立教大学大学院ビジネススクール兼任講師（マーケティング、CSR, ブランド）
・一般社団法人 CDO Club Japan 創立、代表理事就任（現在に至る）
《http://cdoclub.jp/》
（主要著書・監修書）
『CMO マーケティング最高責任者』（共著、ダイヤモンド社）、『刺さる広告』（監修、ダイヤモンド社）、『企業の遺伝子は進化する』（共著、あさ出版）、『インドビジネスのルール』（共著、中経出版）、『P&G 伝説の GMO が教えてくれたマーケティングに大切なこと』（編著、中経出版）他

大谷 和利（おおたに・かずとし）
テクノロジーライター、AssistOn（www.assiston.co.jp）取締役。スティーブ・ジョブズ、ビル・ゲイツ、スティーブ・ウォズニアックのインタビューをはじめ、コンピュータ、カメラ、写真、デザイン、自転車分野の文筆活動を行うかたわら、製品開発のコンサルティングも手がける。主な著書・監修書に『成功する会社はなぜ「写真」を大事にするのか 一枚の写真が企業の運命を決める』（講談社）、『ICT ことば辞典：250 の重要キーワード』（共著、三省堂）、『ビジュアルシフト』（監修、宣伝会議）。主な訳書に『Apple Design 日本語版』（AXIS）、『スティーブ・ジョブズの再臨』（毎日コミュニケーションズ）。

〈執筆協力者〉

鈴木　淳（すずき・あつし）
1987 年～ 2001 年までインテル日本法人に 14 年間在職。
日本の ICT 企業の担当営業及びアカウントマネージャーとして従事。
現在 ITbook 株式会社で IT コンサルティングを担当。

平成30年8月30日　初版発行　　　　　略称：グローブ

# インテル中興の祖
# アンディ・グローブの世界

著　者　© 加　茂　　　純
　　　　　大　谷　和　利

発行者　　中　島　治　久

発行所　同文舘出版株式会社
東京都千代田区神田神保町1-41　〒101-0051
電話 営業 (03)3294-1801　編集 (03)3294-1803
振替 00100-8-42935　http://www.dobunkan.co.jp

Printed in Japan 2018　　　　　印刷・製本：萩原印刷

ISBN 978-4-495-39020-4